幽默心理學 II

麥斯 主編

U0098349

前言

　　成功人士要給人印象深刻的並不是他的身家有多少？事業做多大？而是他是否平易近人？是否懂得取悅別人？因此，這些人都會懂得幽默心理學，懂得以風趣睿智的態度來贏得別人的讚賞，越成功的人士越是注重這種幽默的力量！

　　現代人都懂得推銷自己，雖然能力的高低是重要的決定因素，但高明的推銷方法則往往是成功的關鍵。有些人頗具才華，但卻不能給人好的印象。而有些人在自我推銷的過程中加入了幽默的成分，便收到了事半功倍的效果。

　　語言是人與人交際的工具，而幽默則是使語言閃閃生輝的「魔杖」。不論你從事什麼職業，不論你是一個新進人員還是熟練的職人，也不論你職位的高低，幽默都能幫助你順利地與他人溝通、交流，幫助你快速有效地與他人建立和諧的關係，幫助你在人際關係中脫穎而出，令人印象深刻！

　　有生活經驗的人都曾體會過以幽默面對人生困難的重要性。幽默幾近於一種緩衝機制，它可以克服痛苦、失望和悲觀。幽默也近乎一種默契形式，它使人以友善、寬容、諒解和睿智的眼光看各種問題。如果我們在生活中種下幽默的種子，它就會開放出積極樂觀的正能量花朵。以這樣的人生態度，瀟灑處世與人交往，不但可以消除許多無謂的爭端，也可以結交到許許多多的邁向成功人生的「同志」。

人在工作、學習、愛情、家庭生活中如果有幽默做潤滑劑，其效果確實妙不可言，它會給人一種激動心靈的力量，又使每個人向成功的目標步步靠近。同樣，在社會交往中，在人與人的往來接觸中，幽默的力量也是無窮的。幽默是一種藝術，是運用你的幽默感來增進你與他人的關係，並改善你對自己真誠的評價的一種藝術。深信我們根據別人的經驗，可以去發現：如何按下按鈕！就像我們打開電燈開關，電力便沿著電線輸送過來一樣，按下我們幽默的按鈕，一股特別的力量也會源源而來。我們可以把這股幽默的力量導向與他人直接溝通。

　　有了幽默，我們就可以學會以笑來代替苦惱。藉著幽默力量，我們能讓自己和他人居於痛苦之上。

　　事實上，幽默力量的形成主要在於我們的情緒，而不在於我們的理智。你的幽默力量是你以愉悅的方式表現出來的。它還能表達出你的真誠、大方和善良。

　　幽默可以潤滑人際關係，消除緊張，解除人生壓力，提高生活的品質。它可以把我們從自我中解放出來，使我們和他人輕鬆地相處。它還可以化解冰霜，使我們獲得益友。它可以使我們振奮，信心大增，使我們脫離許多不愉快的窘境。

CONTENTS

CONTENTS

第1章
工作事業中的幽默

　　語言是交際的工具，而幽默則是能使語言舌燦蓮花的一支「魔杖」。不論你從事什麼職業，不論你是一個新進人員還是熟練的職人，也不論你職位的高低，幽默都能幫助你順利地與他人溝通、交流，幫助你快速有效地與他人建立和諧友好的關係，幫助你解決工作中的問題並順利渡過難關。

1・用幽默推銷自己

　　現代人都懂得推銷自己，雖然能力的高低是重要的決定因素，但高明的推銷方法則往往是成功的關鍵。有些人頗具才華，但卻不能給人好的印象。而有些人在自我推銷的過程中加入了幽默的成分，便收到了事半功倍的效果。

　　美國有一位大學畢業生急於找到工作。一天，他跑到一家報館自我推薦。他找到一位經理問道：「你們需要一個好編輯

嗎？」「不需要！」「那麼記者呢？」「不，我們這裡現在什麼空缺也沒有！」

「那麼，你們一定需要這個東西。」大學生拿出一塊精緻的牌子，上面寫著：「額滿暫不雇用。」

經理感到眼前的這位小夥子很有意思，便立刻打電話把這件事情報告給老闆，隨後，他笑嘻嘻地對大學生說：「如果願意，請到我們廣告發行部來工作吧！」

這位青年用幽默推銷自己，終於打破了僵局，找到了工作。後來，他成了那家報館出色的經理，使報紙的日銷售量從5萬份左右提高到30多萬份。

這則小故事揭示了一個大道理：學會推銷自己並非是一句空洞的說教。推銷自己的過程，其實就是一次全面展示自己幽默、才學、品行、智慧的過程。這是無法用臨時抱佛腳去應付的。

有些時候，在面試的過程中運用幽默的技巧，可以起到畫龍點睛的作用。

一位剛畢業的大學生在應聘一個工作職位時，要接受一項測試。其中有這樣一道測試題——「cryogenics」是什麼意思。他停下來苦思冥想。最後，這位大學生寫下了他的答案：「這個單字是說——我最好到別處去找工作。」結果，他被錄用了。

想在眾多的競爭者中脫穎而出，富有創意的思想加上幽默的力量是必不可少的條件，恰到好處的幽默往往能夠使應聘者得到

認可。創造力加上幽默的力量，可以讓我們更有彈性地去處理事情。我們可以運用富有創造力的方式來達到某種目的，用它來尋求答案，有時要憑幻想來發現，在大腦裡設想：「如果我這樣做的話，會怎麼樣？」在美國，有不少求職者都是利用幽默機智取得成功的。

美國中央情報局需要一個高級特工，通過層層嚴格的篩選，最後剩下兩男一女，他們將面臨最終的考核。

主考官將第一名男子帶到一扇鐵門前，交給他一把槍，說道：「我們必須確信你能在任何情況下服從命令。你的妻子就坐在裡面，進去用這把槍殺死她。」這名男子滿臉驚恐地問道：「你不會是說真的吧？我怎麼能殺死自己的妻子呢！」於是，他落選了。

接著是第二名男子，主考官交給了他同樣的任務之後，他先是一驚，不過還是接過了槍進了門。

5分鐘過去了，沒有一點動靜，然後門開了，這名男子滿臉淚水地走了出來，對主考官說：「我想下手，但無法扣動扳機。」自然，他也落選了。

最後輪到那位女人。當她被告知裡面坐著她的丈夫，她必須殺死他時，這位女子毫不猶豫地接過了槍，走進門去。門還沒有關嚴，就傳來了槍聲。

連續13聲槍響之後，又傳來了尖叫聲和椅子的碰撞聲。

幾分鐘之後，一切又恢復了平靜。這時，門開了，女人走了出來，擦了擦額頭上的汗水，生氣地對考官說：「你們這些傢

伙，竟然不告訴我槍裡裝的都是空砲彈，害得我只好用椅子把他砸死了。」(當然，昏暗房間裡面只是一個假人)

不論我們面對何種突如其來的面試，只要我們勇敢鎮靜，用機智幽默的答案來轉移話題，並且妙語連珠，便可以獲得成功。一句話，自我推銷要大膽，自我選擇要幽默。

2·幽默可以拉近與上司的距離

對於許多員工來說，最大的苦惱莫過於工作努力，卻得不到上司的賞識。要獲得上司的賞識就要主動拉近與上司的距離，不能否認要消除與上司的距離感，首先要把工作幹好了，甚至做得十全十美，不能讓上司覺得你是一個沒用的員工。但是，只知道埋頭苦幹也不見得就會得到上司的賞識。

美國人力資源管理專家科爾曼說過：「職員能否得到提升，很大程度上不在於是否努力，而在於老闆對你的賞識程度。」那麼，怎麼才能脫穎而出呢？

對於上述問題很苦惱的人或者想有一番作為的人，可以試試在領導面前化嚴肅為風趣的交流方式，說不定效果出人意料。

一個年輕人在找工作，他來到麥當勞面試。老闆問他會做什麼，他說我什麼都不會，不過我會唱歌。

老闆說你就唱一首歌試試吧，於是他就開始唱歌了：「更多選擇更多歡笑就在麥當勞！」

老闆一聽就樂了，接著問了他一些對於麥當勞有什麼了解之類的問題，最後，他被順利錄用了。

上面的例子中，求職者在面試中借助了幽默的力量，他首先就以唱歌的方式說出了麥當勞的廣告語，博得老闆一笑的同時，獲得了老闆的好感。

大多數上司都有一定的文化水平，想要拉近與上司的距離，就要在語言上多下一些工夫。一般來說，幽默的語言是錯不了的。

職員：「經理，您實在是愛好工作的人！」

經理：「我正在玩味這句話的含意。」

職員：「因為您每天都一直緊緊地盯著我們，看我們是不是和您一樣喜歡工作。」

職員通過與經理開玩笑，不經意中就拉近了與經理的距離，何況經理也是一個幽默的人。與上司開玩笑還要注意把握好時機。最好時刻留意能夠與上司面對面談些風趣的俏皮話的機會。比如兩人並列在一起等電梯或者在洗手時都是機不可失。另外，幽默地「冒犯」上司也是拉近雙方距離的好辦法。

美國沉默而嚴謹的總統柯立芝，就曾被人用幽默的方式「冒犯」過。有一次他去華盛頓國家劇院看戲劇演出。看了一半的時候，他就開始打瞌睡了。演員馬克停下歌唱，走到前排，朝總統喊道：「總統先生，是不是到了您睡覺的時間了？」總統睜

開眼睛，四下張望，意識到這話是衝著自己來的。他站起來，微笑著說：「不，因為我知道今天要來看你的演出，所以興奮得一夜都沒睡好，請繼續唱下去吧！」

　　這則幽默的對話既表現了演員直言不諱的幽默，也體現了柯立芝總統的機敏和幽默感。演員並沒有開罪總統，相反，倒成了總統的好朋友。由此可見：以下犯上的幽默使用得適時適度，往往能夠拉近與上司的距離，贏得上司的理解和信任。

　　工作太累的時候，難免會偷懶，這時如果被老闆看見了，你該怎麼辦呢？

　　有一個建築工地的工人在搬運東西，每次只搬一點。工頭用眼神警告了好幾次，沒效。不得不開口說話了。

　　工頭：「你在做什麼？你看別人每次都搬那麼多！」

　　工人：「嗯哼，如果他們要懶到不像我搬這麼多次的話，我也拿他們沒辦法。」

　　幽默的回答，工頭也被逗笑了。

　　工人以幽默的口氣為自己的偷懶行為辯解，老闆即使會批評他，也會比較隨和，責罰也會比較輕。假如你對於裝瘋賣傻的演技頗有心得，那麼不妨也在對你頗有微詞的老闆面前，以若無其事的態度告訴他下面的話：「幸好我已經娶老婆了。」當然，你的老闆無法了解你這一句話的意思，必定是一副茫然的樣子。這個時候，你可以不聲不響猶如自言自語地對自己說：「所以我現

在才習慣別人對我的嘮叨了⋯⋯」

在這裡幽默的確可以拉近與上司的距離。不過生活中任何事情都不是絕對的，與上司距離的遠近也同樣如此，這種距離不可太遠也不可太近。如果一個人不認真地做好工作，成天圍著上司轉，只知道說好話、空話，刻意拉近與上司的關係；或者整天坐在那裡等上司安排工作，像個提線木偶一樣，上司拽一下，你才動一動，無形中疏遠了上司，都是不可取的，因此要把握幽默接近上司的技巧。

3・幽默可以獲得同事的好感

同事間有什麼心事，如感情、事業、家庭等問題，都喜歡找你傾訴，認為你很能體諒別人，是個最好的聽眾。你不僅確實會很耐心地傾聽別人的心裡話，而且，如果你有能力幫助同事排除煩惱的話，你會熱心盡力。即使事情不是力所能及的，也會給予適當的安慰。如果這樣，有誰會不願意和你做朋友呢？除了這些，如果你有自己的特點，能發展一個自己獨特的幽默方式就再好不過了。自己獨特的幽默方式是專屬個人的，任何人都學不來，所以會更有威力。

有一次發薪水的時候，小李的工資卡裡面竟然分文沒有。但他沒有氣得暴跳如雷，也沒有破口大罵。他只是去問發薪水部門的人說：「請問一下，我的薪水是不是自己溜掉了，怎麼沒跑到我戶頭裡？」當然，小李得到了補發的薪水。

小李對同事偶犯錯誤持一種寬容的態度，而不把它看成一件了不得的事情，批評謾罵同事的愚蠢。他以幽默的方式與同事分享了愉快的果實。這也正是不為所動、泰然處之的幽默所要收到的效果。

我們如果不能領略到別人的幽默對自己的裨益，也就不太可能以自己的幽默來激勵他人。為了表現我們重視別人所帶來的好處，應該時時刻刻保持樂觀的態度，同別人一起歡樂。

一位男士對即將結婚的女同事打趣地說：「恭喜你啊！你真是捨近求遠，公司有我這麼優秀的人才，你竟然都沒有發現！」女同事聞言，開心地笑了。

對於上面這位男士的幽默，女同事不但沒有反感，反而感激他的友誼和欣賞。歡樂的氣氛瞬間蕩漾在同事之間，這是多麼彌足珍貴的友誼。

報刊、出版社的編輯與撰稿者之間是一種合作關係，如果合作期間能適時幽默，那麼雙方的工作都會進展得更順利。

作家傑克·倫敦曾經答應給紐約的一家出版社寫一本小說，但卻遲遲沒有交稿。

出版社編輯一再催促均無結果後，便給傑克·倫敦住的旅館打了個最後通牒式的電話：「親愛的傑克·倫敦：如果24小時內我還拿不到小說的話，我會跑到你屋裡來，一拳揍到你鼻梁上，然後一腳把你踢到樓下去。我可從來都會履行諾言的。」

傑克・倫敦回答說：「親愛的迪克：如果我寫書也能像你一樣，手腳並用的話，我也一定能履行自己的諾言，按時將書稿交到你的手裡。」

編輯與作家之間的玩笑說明了他們親密無間的合作關係。而作家爲自己不能交稿所做的辯解更是巧妙。

一家雜誌社的編輯收到一封來信：「親愛的編輯：我希望和您達成一項默契，您如果刊用了我的稿子，您將得到稿費的一半，希望能得到您的首肯。」

編輯回信說：「您的意見很好。我希望錢都由您支付，每行五元。當您把稿子和錢寄來以後，我將把它刊登在明天的廣告欄裡。」

因爲合作關係不是領導與被領導的關係，處理事情應該平等協商，相互提意見，表示不同看法也應客氣委婉些，不能傷了和氣。以幽默語言來表達是比較高明的辦法。

名歌唱家帕蒂拉舉行個人獨唱音樂會，那位鋼琴伴奏自顧自彈得很起勁，以致琴聲經常蓋住歌聲。帕蒂拉雖然幾次向他暗示，可他全然不加理會。

演唱會結束以後，帕蒂拉與自己的合作夥伴——鋼琴家親切握手，並謙虛地說：「先生，今天我很榮幸，能參加您的鋼琴獨奏會。」

歌唱家用幽默語言表達出了對合作夥伴的不滿，又照顧了對方的面子，是一種巧妙而得體的化解衝突的方法。

✦ · 幽默可以爭取到與客戶的合作

一般來講，客戶對於突然闖入的銷售員都會採取冷漠的態度，很少有人會說你來得正好，就像及時雨之類的話。

一次，一位推銷新手向老推銷員訴苦：「我幹不了這差事。我每到一個地方，都會受人侮辱。」

「是嗎？那太糟了，」老推銷員很同情地說，「我從沒有過這種感覺。多年來我到處旅行推銷，我拿出來的樣品曾經被人丟到窗外，我自己也曾經被人推出去。但是我想我還算幸運，我從來沒有被人侮辱過。」

這位老推銷員以他的親身體驗，向我們說明了推銷員應有怎樣的心態(被拒絕並不是侮辱)以及應有怎樣的幽默心境。

美國人赫伯·特羅在《幽默的力量》一書中提到這樣一個生動的事例。

一位經驗豐富的老推銷員帶著一位對業務完全生疏、慌裡慌張的實習推銷員去推銷收銀機。這位前輩看起來並不瀟灑：身材矮小、圓圓胖胖、紅彤彤的臉，可是言談舉止間洋溢著一種幽默的活力。

他們來到一家小商店，老闆向他們喊道：「我們不需要收銀機！」這時，老推銷員靠在櫃檯上哈哈大笑起來，好像剛聽到一個世界上最好笑的故事一樣。老闆莫名其妙地望著他。

笑了一會兒之後，老推銷員直起身子，微笑著道歉說：「我忍不住要笑，您讓我想起另一家商店的老闆，他也說對這個沒興趣，可是後來他成了我們最好的主顧之一。」

隨後這位老推銷員津津有味地介紹了他的商品。每當老闆表示對它沒興趣時，他就把頭埋在臂彎裡，咯咯地笑起來。然後他再抬起頭，又說了一個故事，同樣是說某人在表示不感興趣之後，又買了一台新的收銀機。

當時大家都在看這兩位推銷員。那位實習推銷員感到窘迫極了，恨不得調頭就跑，他想：「他們肯定會以為我們是一對傻瓜，而把我們攆出去。」可是那位老推銷員繼續哈哈大笑，把頭埋在臂彎裡，然後又抬起頭來，把老闆的每一聲拒絕都變成對往事的幽默回想。

最後，令年輕推銷員驚詫不已的是，不一會兒老闆居然同意購買一台新的收銀機。後來，這次經歷對年輕推銷員產生了神奇的影響。每當他遇到棘手的事情時，就會想起那位老推銷員，那圓圓胖胖的身材，微笑的臉龐又浮現在他的眼前，耳旁還響起那快活的意義深遠的哈哈笑聲，他就有了無比的毅力。

幽默可以製造你與客戶的笑聲，使顧客在笑聲中接受你的產品。如果你正和愛挑剔的顧客打交道，幽默是最有效的工具。

在一個汽車展示會上，有對年輕夫婦對一輛中意的汽車的價錢，頗有微詞。

「這幾乎等於一輛大卡車的價錢了。」太太抱怨著。

「當然，太太如果您喜歡大車的話，同樣的價錢，我可以賣給您兩台大型的拖拉機。」

面對顧客的抱怨，銷售員運用幽默技巧表達了他所推銷的車子是物有所值，在令顧客笑的同時，更容易獲得顧客的認同。

講了這麼多故事，到底如何使用幽默這個有力武器來爭取到與客戶的合作機會呢？下面有幾點建議：

在開口之前先試著判斷客戶是哪種類型和風格的人。正確的幽默對你的說明多大，錯誤的幽默對你的損傷就有多大。

巧妙地插入幽默的談話會使顧客喜歡上你。但要提醒的是：任何時候都不適於對不熟悉的人使用政治、種族或宗教幽默。

你也可以講一講個人經歷而不是瞎編亂造一些無厘頭的搞笑玩意。比如你在辦公室裡、在家裡或者孩子小時候的趣事。你還可以把幽默故事記錄下來，這樣你在下次同客戶談話時就能很快地記起有關上次談話的內容。

你還可以把問題變成機會。比如你想在電話中用三十秒介紹一下產品。顧客問：「怎麼收費？」你可以說：「噢，這個電話是免費的。」輕鬆幽默的氛圍的確有利於你成功地推銷產品。

5 · 幽默可以緩解工作壓力

在當今競爭異常激烈的社會中，工作壓力已經成為上班族的主要壓力，如果處理得好，壓力也許就會轉變為動力。反之，不但會使人心煩意亂，還會失去工作的積極性，壓力就會成為阻力。因此，減壓是現在流行詞彙中使用頻率最高的一個，為了使自己的工作更加有效率、更加輕鬆自如，可以採取幽默療法來減輕自己的工作壓力。

兩位保險公司的業務員爭相誇耀自己的公司理賠有多快。

第一位說：「我們公司10次有9次是在意外發生當天，就把支票送到保險人手裡的。」

「這算什麼！」另一位業務員說：「我們公司的辦公大樓一共有40層，我們在23層。有一天，我們的一位投保人從樓頂跳了下來，當他經過23樓之際，我們就把支票交到他手中了。」

看似互相調侃的笑話中，體現著保險行業競爭壓力之大，而兩位業務員都能幽默相對，實屬難得。

自嘲式的幽默不但能夠給別人帶來笑聲，同時也讓自己沉浸在愉悅當中。

馬氏一家人專門從事危險的行業，就是用爆破毀壞建築物。可想而知這個行業的壓力有多大，心理上會有多緊張。但是馬氏一家人用幽默力量來消除緊張——他們常和記者聊天，說些

荒謬的故事。有一次，在大爆破工作之前，新聞記者問他如何處理飛沙和殘礫？馬明一本正經地解釋道：「我們向一個生產包裝袋的公司訂製了一個特大的塑膠袋，然後直升機在大樓上空把它扔下來。」

記者被馬明的幽默笑話逗得笑聲不斷。第二天馬氏兄弟從報紙上讀到這篇報導的時候，也爆發出陣陣笑聲，從而消除了自己的緊張情緒。

有的時候一個職員要負責的工作種類繁多，頭緒複雜，很容易因為工作壓力過大而產生煩躁情緒，這個時候尤其需要幽默的說明。

小麗是一家大公司的總經理助理。她必須時刻應付各種訪客，還要接電話，說明同事找資料，還要隨時聽從老闆的指示，業務十分繁忙。不過，小麗並沒有被這些瑣碎的事情搞得心煩意亂，相反事事都以幽默的態度來對待。

有人打電話找老闆：「我要和你的老闆說話。」

「我可以告訴他是誰來的電話嗎？」小麗問。

「快給我接你的老闆！」來電人態度強硬，「我現在要馬上和他說話。」

「很抱歉。」小麗溫婉地說，「他花錢雇用我來接電話，似乎很欠缺考慮。因為十個電話中有九個是找他的。」

來電話的人笑了，然後把他的名字告訴了小麗。

在這裡，巧妙的幽默化解了一個棘手的問題，也緩解了小麗的工作壓力。可謂一箭雙鵰。在面對各種各樣的工作壓力的時候，如果我們都能像小麗一樣巧妙處理，相信我們的工作會更加順利地進行下去。不過幽默的力量也不是萬能的，在緩解工作壓力的時候，除了運用幽默的技巧之外，還要注意運用其他一些科學的、正確的減壓方法。

專家建議，經常加班的人應當多補充睡眠，提高睡眠品質，還要注意飲食規律，多進行體育鍛鍊，如散步、慢跑等，從而達到平衡的心態。

6 · 職場中處處都需要幽默

職場沉浮多年，唯有幽默，那稍縱即逝的智慧火花，總是在關鍵的時刻閃現，助我們渡過許多難關。

一次招聘會上，方葦應聘一個炙手可熱的職位，簡歷投出後大概兩星期左右，對方就將抱歉未能錄用的E-mail發給了他。可能是由於系統錯誤，對方發了兩封抱歉信給他。方葦毫不猶豫地回了一封信，「既然您對未能錄用我如此遺憾，爲什麼不給我一次面試機會呢？」不知是不是這封信起的作用，後來方葦得到這個公司另一個更好職位的面試機會。

在方葦與美國老闆相處的過程中，他更是不失時機地幽他一默，總能「化險爲夷」，永遠是快樂結局。有一天他去見老闆，而老闆卻不小心把可樂打翻在辦公室的地毯上，他異常惱

火，激動得手舞足蹈，說蟑螂部隊一定會因此大規模地襲擊他的辦公室。方華看了他一眼，微笑著說：「絕對不會發生這種事，因為中國蟑螂只愛吃中餐。」老闆的臉色放晴了，朗聲大笑。

在意外發生時，讓人惱怒驚嚇不已時，幽默也是一顆開心果，讓大家轉憂為喜。

一家商業大樓走道裡的電力系統出了問題，直冒白煙，辦公室頓時一片黑暗。各公司的人聞到異味後都衝出來，看個究竟。正緊張地不知道發生了什麼事故時，一個同事開始向大家發放保險公司的健康手冊，緩解緩解氣氛。大家都在猜到底發生了什麼事故。其中一位員工揚了揚手中的健康手冊，答道：「讓我們研究一下自救手冊吧，看看在危難情況下如何保護自己。」大家於是哈哈大笑。一位外國老闆正色道：「為什麼不給我一本？」那位幽默感極佳的同事說：「我會立即為您翻譯的。」

很多時候，幽默言辭都是在了解了歐美國家的文化背景和職場習慣後的即興之作。有一回面試就是這樣。

那是個星期五下午，不知出於什麼原因，李奇穿著牛仔褲就去面試了。經過口語聽力測試、電腦水準測試後，美國人的表情告訴李奇他們對他非常滿意。但美國人突然冷不丁地問李奇：「請問你為什麼穿牛仔褲來參加面試呢？」李奇急中生智，快速答道：「今天不是週五嗎？週五不是『便裝日』嗎？」

李奇記得在另一家公司工作時，週五總是有一幅漫畫貼出來，漫畫上的公司職員都穿睡衣，穿著拖鞋，睡眼惺忪的模樣，旁邊標注著大寫的「Friday」（星期五）。果然不出所料，老闆哈哈大笑，李奇自然順利地得到了這份工作。

◎ 請假

一個職員已經兩天沒上班了，當他第三天來到公司時，老闆抱怨說：「你這兩天幹什麼去了？」

職員答道：「我不小心從三樓的窗口跌到大街上了。」

老闆氣沖沖責問：「那不是只須要幾秒鐘嗎，為什麼你會整整花到兩天的時間？」

⇨在職場，出現被動局面並不可怕，人畢竟不是全才。但是，任由糟糕的局面繼續惡化下去，就是責任心的問題了。正如上面這個幽默，既然「不小心從三樓跌到大街上了」，為何不及時請假呢？

◎ 他招了

蘇聯考古學家發現了一具木乃伊，可花了很長的一段時間，也無法弄清木乃伊的年齡，於是他們請了幾位祕密警察來幫忙。

祕密警察來了以後，也忙了一個早上，最後他們才滿頭大汗地出來了，查清楚了，3,147歲。

考古學家非常震驚，問道：「你們是怎麼知道的？」祕密警察指著木乃伊說：「很簡單，他招了。」

⇨在現代社會中，「職業病」已經成了一個並不陌生的字眼。養成良好的職業習慣固然是件好事，但老是以職業的思維來打量世間的所有事物，何嘗不是一種悲哀？

◎ 馬夫餵馬

馬夫偷偷地把用來餵馬的大麥賣掉了。

但他仍然每天用水給馬擦洗，用梳子為馬梳理鬃毛。

馬對馬夫說：「如果你真心對我好，就不要把大麥賣掉！」

⇨對馬來說，與大麥比起來，每天的梳洗算得了什麼？一天梳洗十回，也比不上吃一次大麥。在職場中，總能遇見一些像「馬夫」之類的人，你一定要看清事物的本質，不要被虛情假意所蒙蔽。

◎ 職業習慣

上尉檢閱新兵時，問一個班長：「為什麼你把高大好看的全都排在前面，不順眼的矮個兒的全都排在後面？」

「報告上尉！」班長答道，「我以前是擺攤賣水果的。」

⇨人的位置和角色是相對的，而且也應隨著環境的改變而改變。順應自身條件去尋找合適的位置，這樣你就能夠站在前面。

◎ 一言誤事

「你昨天去找新的工作，找到了嗎？」

「沒有。當招工人員跟我洽談時，我說了句該死的廢話！」

「你說錯了什麼？」

「當他問我會不會做這種工作時，我說『這種工作啊！我簡直閉著眼睛就可以做了』！」

「這話沒有錯啊，表示你很行！」

「可他要找的是個守夜人。」

⇨不要低估任何一件事情，有時越簡單的工作越需要責任心。

◎ 面談

Jack到一家酒吧應徵警衛。經理問他：「有沒有經驗？」

「當然！」Jack就環視四周。看到一個醉醺醺的老頭子。他馬上把他抓過來，一腳將他踢出門外。然後，得意揚揚地問酒吧經理：「那請問我現在能不能見你們的老闆了？」

「那你恐怕要稍等他一下了，因為他剛才被你踢出去了。」

⇨年輕人最讓人欣賞的是做事情有精力，速度快，效率高。但最大的問題也是考慮不周，容易衝動，經常辦錯事。所謂「欲速則不達」正是這個道理。

◎ 心臟和牙齒

有個人的兒子想學內科。「你真笨，」父親罵道，「還是去學牙科吧——人只有一顆心，可是牙齒有32顆呢！」

⇨選擇職業也是一種智慧，有些行業很快就會萎縮，有些行業在相當長的時間內保持興旺。拋開興趣愛好而言，我們是可以通過比較來選擇我們的職業的。

◎ 醫生

一位私人診所的醫生準備出國度假，便讓剛從醫學院畢業的兒子來頂一個月的班。一個月後醫生從國外度假回來，問兒子情況如何。兒子得意地說：「我把您醫了十年都沒醫好的那個心臟病人徹底治好了。」不料，父親聽了破口大罵道：「混蛋！你以為你聰明能幹？你也不想想，你這些年讀醫學院的學費是怎麼來的！你把書讀到哪裡去了？」

⇨這個社會，有些職業是可以通過量化的條件來考慮的，但有些職業

則是需要加入道德和良知共同評價的。做一個有良知的有道德的人，是從事任何工作的先決條件。

◎ 接替

美國有一年經濟危機，失業率很高。一個人找工作找了很久，也沒找到。一天他在街上轉悠，忽然一個人從建築工地的樓上掉了下來。他急忙跑到工頭那兒問：「那個剛掉下來的人的工作我可以接替嗎？」工頭說：「不行，他的工作已經有人接替了？」「誰呀？」「就是把他推下來的那個人哩！」

▷坐等機會不如自己去創造機會，但絕不是以上述的方式。

◎ 自負的人

大仲馬寫作的速度十分驚人，他活了68歲，晚年自稱畢生著書一千二百部。有人好奇地問他：「你苦寫了一天，第二天怎麼仍有精神呢？」

他回答說：「我根本沒有苦寫過。」

「那你怎麼寫得又多又快呢？」

「我不知道，你去問一股泉水它為什麼總是噴湧不盡吧。」

▷一個人，只有從事喜歡並且適合的工作，才可以從工作中獲得樂趣，並做出成就。

◎ 沒有不正常的跳動

一天晚上，年輕的俄國生理學家巴甫洛夫終於下決心走出實驗室，去與未婚妻西瑪會面。他們難得相見，相會沒多久，巴甫

洛夫就對未婚妻說：「快把你的手給我！」西瑪以為他要吻自己的手，高興地伸過去。巴甫洛夫抓住未婚妻的手，用手指壓著她的脈搏，過了好一陣，才說：「沒有不正常的跳動，放心吧，你的心臟的確很好。」

⇨「職業病」並不是醫學上定義的一類疾病，但它對他人的危害，有時候等同疾病。

◎ 接見和旅遊

　　每天中午在固定的時間，德意志皇帝威廉一世總要站在柏林宮殿靠角落的窗口，接見成千上萬的來瞻仰這位象徵帝國權力的統治者的人們。到了晚年，由於健康狀況不佳，醫生懇切地勸他停止這項日常活動，以免勞累過度。可皇帝卻十分固執地說：「我每天的接見是寫在旅遊手冊上的。」

⇨如果我們不能改變工作安排，那就改變我們對工作的態度。這樣能讓我們保持良好的心態。

◎ 修屋頂

　　「我的屋頂漏水了。」

　　「那為什麼不修修呢？」

　　「因為現在正下雨。」

　　「雨一停，你就趕快去找人來修吧。」

　　「那時我的屋頂就不漏了。」

⇨拖延從來都不缺少理由，只是你所做的就太有限了。

◎ 絕妙的建議

有一個猶太人跑去問拉比，「哪一種職業能使我一輩子不挨餓的生存下去呢!」

「當麵包師。」拉比建議道，「那樣你就不會挨餓了。」

「如果我沒錢了，買不起麵粉了，怎麼辦呢？」

「那你就不要再當麵包師了！」

⇨工作對於人而言，不僅是一種謀生的手段，也是個人施展才華的努力，更是人對自身信心的來源。

◎ 謙虛過分，自討苦吃

經過面試，申請者被一家公司聘用，讓他下週開始到辦公室上班。為對經理表示感激和謙虛，申請者很謙虛地說：「我既缺少智慧，又沒有什麼工作經驗，希望您多多指教。」

「如果是這樣的話，你先別到辦公室來上班，等你有了智慧和經驗再來。」經理對申請者說。

⇨不卑不亢既是對別人的尊重，更是對自己的尊重，而只有尊重自己才能贏得別人對你的尊重。

◎ 專家本色

修理工應召去醫生家修理電視機，他發現那台電視機已經用了十年，已經破舊不堪了，醫生用幽默的口吻說：「你開個處方吧。」修理工對著電視機默默看了一陣，然後回答：「我看只能寫驗屍報告。」

⇨俗話說：三百六十行，行行出狀元。如果你覺得工作枯燥而無
　望——不如試試專注用心的精深研究——像專家一樣對待它吧！

◎ 沒幹什麼

「去領本週的工資吧，你被開除了。」

「可我並沒有做什麼呀？」

「那就是你被開除的原因呀！」

⇨職場的殘酷就在於你的一切辯解都會是它淘汰你的理由。所以面對
　失業的最好辦法就是，保留自信，離開，並於下一站的工作中，以
　行動贏得尊重。

◎ 人才難得

老闆傑克到警察局報案：「有個流氓冒充我的推銷員，在鎮
上賺了10萬美元！這比我所有的雇員在客戶身上賺到的錢還要多
得多。你們一定要找到他！」「我們會抓住他，把他關進監獄
的！」「關起來幹什麼？我要聘用他！」

⇨職場之上，能力便是一切。當這種能力足以令競爭對手千方百計地
　想要與你成為合作者之時，便是一種成功的定義。

◎ 了不得父親

在公共汽車上，坐在我身旁的男人，喋喋不休地向我談他家
庭的事。「我有三個兒子，都是知識份子，」他說，「老大是教
授，老二是詩人，小兒子編輯。」

「您做什麼工作？您的小孩呢？」我客氣地問他。

「我的小孩都成家了，我開一家雜貨店，生意不算很興旺，不過還夠養活他們三家人。」

⇨有的時候選擇了那種精神領域的職業，也就是選擇了清貧，而精神的富有與物質的富有有時候是相互補充的，只不過這是在不同人身上實現的。

◎ 寧願挨踢

一個砍柴人挑著一擔柴走路，不小心撞到了一個醫生。醫生大怒，揮拳就要打他，砍柴人連忙跪下求饒說：「我寧願挨你的腳踢！」旁邊有一個好事的人覺得十分驚訝，就問道：「腳踢要比拳打重得多，你為什麼願腳踢呢？」砍柴的人說：「我聽人說，經過他手上的，肯定是活不了。」

⇨有如此「口碑」的醫生，可見他的醫術拙劣到何等地步。人無論從事什麼職業，都應對自己的專業精益求精，這既是謀生的需要，也是職業道德的要求。

◎ 我們倆都錯了

在火車上，甲旅客的手帕不見了。他硬說是坐在旁邊的乙旅客偷走了。可是，過了一會兒，甲旅客在裡邊的口袋裡找到了那塊手帕。於是，他很不好意思地向乙旅客道歉。

乙旅客冷靜地回答道：「沒有關係，剛才我把你當成一位紳士，而你把我當成一個小偷。看來，我們倆個都錯了。」

⇨其實，很多時候你所應該做的是反省自己，而不是時時處處都指責

別人。

◎ 火雞和牛糞

一隻火雞和一頭牛閒聊，火雞說：「我希望能飛到樹頂，可我沒有力氣。」牛說：「為什麼不吃一點我的糞便呢，它們很有營養。」火雞吃了一些牛糞，發現它確實給了自己足夠的能量飛到第一根樹枝。第二天，火雞吃了更多牛糞，飛到第二根樹枝。兩個星期後，火雞驕傲地飛到了樹頂。但不久，一個農夫看見牠，迅速把火雞射下來。

⇨「牛糞運」可以讓你達到頂峰，但不能讓你永遠留在那兒。

◎ 狼來了

一隻狼出去找食物，找了半天都沒有收穫。偶然經過一戶人家，聽見房中孩子哭鬧，接著傳來一位老太婆的聲音：「別哭啦，再不聽話，就把你扔出去餵狼吃。」狼一聽此言，心中大喜，便蹲在不遠的地方等起來。太陽落山了，也沒見老太婆把孩子扔出來。晚上，狼已經等得不耐煩了，轉到房前想伺機而入，又聽老太婆說：「快睡吧，別怕，狼來了，咱們就把牠殺死煮了吃。」狼聽了，嚇得一溜煙跑回老窩。同伴問牠收穫如何，它說：「別提了，老太婆說話不算數，害得我餓了一天，不過幸好後來我跑得快。」

⇨別人信口開河，你就信以為真，全然不知許多時候人家只是在拿你說事而已。凡事都應該自己去試一試，否則，你就永遠不會知道事情的真相。

◎ 應有盡有

美國有一家大百貨公司門口的看板上寫著：「無貨不備，如有缺貨，願罰10萬。」某日，有一名法國人想獲得這10萬元，於是他繞店一周，細細觀看一番後，來見經理。開口說：「潛水艇在什麼地方？」經理領他到第18層樓，當真有一艘潛水艇。法國人又說：「我還要看看飛船。」經理又領他到第22層樓，果然有一艘新式飛船。法國人不肯甘休，又問道：「可有肚臍眼生在頭上面的女子？」經理一下被難住，正無言以對之際，旁邊的一位女店員應道：「我做個倒立給客人看。」

⇨在生活中，最容易破碎的東西，往往是那些看起來很完美的東西，因為它太容易吸引人的目光，讓別人「吹毛求疵」。所以，不要把弓拉得太滿，適當為自己留點餘地，才能進退自如，左右逢源。

◎ 說明立場

議員演說完後，其他議員紛紛向他道賀。其中一人說：「老兄，你真淋漓痛快，把你對每一問題的立場都說得一清二楚。」

「天呀！」議員聞言，不由大驚失色地說道，「我真的說明立場了嗎？」

⇨政客的談話往往含糊其辭，也因此而就成了人們嘲笑的對象。

◎ 另有說法

美國警方在確認嫌疑犯是否犯罪時，常常讓目擊者進行一種例行的認人手續。警方為了使證人能夠辨認出嫌疑犯的口音，規定每個被指認的嫌疑犯，都要說一句同樣的話：「把所有的錢交

出來，我需要一些零錢。」

　　美國某警察局，第一個和第二個嫌疑犯在這一程式中都按照警方的要求說了，到第三個嫌疑犯時他竟脫口而出：「我當時不是這麼說的！」

⇨槍打出頭鳥，有時候，保持和大家一致並不是件壞事情。

◎ 爲文王發愁

　　艾子來到齊魯之地講道，來聽講的人每次都有好幾百人。一天，艾子講到周文王被囚禁在羑里時，正好齊宣王要召見，他來不及講完就應召去了。

　　聽眾中有個人入了迷，無奈，悶悶不樂地回到家裡，妻子關心地問他：「你每天聽完艾夫子講道之後，回到家裡都很高興，為什麼今天卻這樣憂愁？」他說：「今天一早，我聽艾夫子說周文王是個大聖人，如今卻被他的國君殷紂囚禁在羑里，我可憐他無辜被囚，所以非常煩悶。」

　　妻子想寬慰他，就說：「現在文王雖然被囚禁著，時間長了一定會被赦免的，怎會一輩子遭受囚禁呢！」這人仍然歎息著說：「我倒不愁放不出來，只是愁今夜他在牢內該多麼難熬。」

⇨心地善良本無可厚非，但「婦人之仁」就要不得了。如果老是在一些雞毛蒜皮的小事上多愁善感，就會在大事上迷失方向。

◎ 無用的反對

　　理查・布林斯萊・謝立丹是十八世紀後期英國最有成就的喜劇家。當他的第一部喜劇《情敵》初次上演時，謝立丹應觀眾的

要求謝幕。就在這個時候，有一個人在劇場頂層的樓座上喊道：「這個劇糟透了！」

謝立丹微笑向對方鞠躬說：「我的朋友，我完全同意你的意見。」他一邊聳聳肩，一邊指著劇場裡那些剛才為演出熱烈叫好的觀眾，補充了一句說：「但是，我們兩個人反對這麼多觀眾，你難道認為能起什麼作用嗎？」

⇨「牆頭草」並不是一個褒義詞，常形容那些沒有主見、隨波逐流的人。但認不清「大勢所趨」，口是心非，刻意地去標新立異，也難免會「雞立鶴群」。這時候，還不如去做一棵「牆頭草」，至少不會被認為是做作。

◎ 研究時裝

一個小偷看見他的同夥在閱讀《最新流行時裝》雜誌，驚奇地問：「怎麼，要改行做時裝？」

「哪兒的話，我在研究今年的時裝的口袋，到底會縫在什麼隱蔽的地方……」

⇨流行不僅僅是一個概念。以前以為流行僅僅是電視中模特的展示，現在卻能實實在在地感覺到它充斥我們的生活，影響我們的穿著。不管是流行主導我們，還是消費決定流行，對我們來說，如果不能避免它，就主動去接受它。

第2章

人際交往中的幽默

　　不論你從事什麼行業，身居何職，幽默都能助你一臂之力，能讓你的工作和事業有更順利的發展；使你的社會交往更為廣闊。它能使你善於待人接物、廣交朋友，幫助你解決人際關係的難題，教你學會如何擺脫窘迫的處境。尤其當你想以積極進取和樂觀開朗的形象出現，贏得人們的歡迎和信任時；當你想鼓勵更多的人為實現目標而共同努力時，幽默就能發揮更大的作用。

1·幽默使你遊刃於社交場

　　在這個世界上，每個人都有不同的人生道路，不一樣的人生觀。為了表達自己的觀點，就必須通過社會交往來進行表述，以獲得社會的理解。而以幽默來面對人生，應當是睿智人生的高度智慧表現。

　　有生活經驗的人都曾體會過以幽默面對人生困難的重要性。幽默幾近於一種緩衝機制，它顯然與對抗、失望和悲觀無緣。幽默也近乎一種默契形式，它使人以友善、寬容、諒解和發展的眼

光看問題。這樣的生活觀不等於迴避現實，當然，也不排斥生活中有些問題可以一笑置之。以這樣的人生態度瀟灑處世、與人交往，畢竟會消除許多無謂的爭端，因而結交到許許多多的人們。

當一個人對人生中的各種困難都抱樂觀的態度時，那麼解決困難的信心便產生了。中國古代有句話說「莫以成敗論英雄」，這裡，可以補充一句「可用瀟灑論人生」。活得瀟灑，正成為現代人對人生的共識。

名人在對待自己的工作時也應該與普通人一樣，有一顆平常心。如果是獲得了崇高的榮譽，那不妨更為瀟灑。

人在工作、學習、愛情、家庭生活中如果有幽默做潤滑劑，其效果確實妙不可言，它會給人一種激動心靈的力量，又使每個人向成功的目標步步靠近。同樣，在社會交往中，在人與人的往來接觸中，幽默的力量也是無窮的。幽默是一種藝術，是運用你的幽默感來增進你與他人的關係，並改善你對自己真誠的評價的一種藝術。深信我們根據別人的經驗，可以去發現：如何按下按鈕！就像我們打開電燈開關，電力便沿著電線輸送過來一樣，按下我們幽默的按鈕，一股特別的力量也會源源而來。我們可以把這股幽默的力量導向與他人直接溝通。

有了幽默，我們就可以學會以笑來代替苦惱。藉著幽默力量，我們能讓自己和他人居於痛苦之上。事實上，幽默力量的形成主要在於我們的情緒，而不在於我們的理智。你的幽默力量是你以愉悅的方式表現出來的。它還能表達出你的大方和善良。

幽默可以潤滑人際關係，消除緊張，解除人生壓力，提高生活的品質。它可以把我們從自我中解放出來，使我們和他人輕鬆

地相處。它還可以化解冰霜，使我們獲得益友。它可以使我們振奮，信心大增，使我們脫離許多不愉快的窘境。

不論你從事什麼行業，身居何職，幽默力量都能助你一臂之力，使你的工作和事業更順利的發展，使你的社會交往更為廣闊。它能使你善於待人接物，廣交朋友，幫助你解決人際關係的難題，教你學會如何擺脫使人窘迫的處境。尤其當你想以積極進取和樂觀開朗的形象出現，想贏得人們的歡迎和信任時，當你想鼓勵更多的人為實現目標而共同努力時，幽默的力量就能發揮更大的作用。

2 · 善用幽默可以廣交朋友

俗話說：朋友多了好辦事；多個朋友多條路；在家靠父母，出外靠朋友……能夠多交一些朋友，常常與朋友交談、聊天，就會心胸開闊、消息靈通、心情愉悅，還能取長補短，互相安慰。大家都知道朋友的重要性，但是，在茫茫人海中，要找到志同道合的朋友就不是那麼容易了。其實，知音難覓就難在交朋友的方式上了，而幽默交友不失為一種有效的交朋友的方法。陌生的朋友見面，如果幽默一點，氣氛就會變得活躍，交流就會更順暢。

著名畫家張大千與京劇藝術家梅蘭芳可謂是志同道合的知音，他們都非常敬重對方。在一次宴會中，張大千向梅蘭芳敬酒，並出其不意地說：「梅先生，您是君子，我是小人，我先敬您一杯！」

眾人聽了具是一愣，梅蘭芳也不解其意，忙問道：「大師，何出此言啊？」

　　張大千朗聲一笑，答道：「哈哈！您是君子——動口，我是小人——動手啊！」

　　張大千機智幽默，一語雙關，引來滿堂喝彩，梅蘭芳更是樂不可支，把酒一飲而盡。

　　很多人都有廣交朋友的心，但是總苦於沒有行之有效的方法，如果我們都能像張大千一樣，語言機智幽默，真誠待人。那麼，總有一天會四海之內皆兄弟。

　　在一個狹窄的小巷裡兩輛汽車相遇了。車停了下來，兩位司機誰都不肯讓路。對峙了一會兒，其中一位司機拿出一本小說津津有味地看了起來，另一位司機見狀，伸出頭來高聲喊道：「喂，老兄，看完後借我看看啊！」

　　一句話，逗得看書的司機哈哈大笑，並主動倒車讓路。之後兩人冰釋前嫌，互相交換了名片。原來兩人的家離得很近，後來他們還成了好朋友。

　　突如其來的幽默讓兩個誰都不肯退一步的司機成為了好朋友，我們不得不佩服讓路司機的幽默和大度。生活中像這樣的小摩擦在所難免，這個時候如果激化矛盾，那麼必定兩敗俱傷，更不可能交到朋友。但是，若能利用幽默的話語將矛盾的熱度降到零點，那麼敵意也能轉變成友誼。

朋友間的幽默方式很多，往往更有默契，也更能開心。

法國作家小仲馬的一個朋友劇本上演了，朋友邀請小仲馬同去觀看。小仲馬坐在最前排，但只見他頻頻回頭，口中念著：「一個，兩個，三個……」

「你在幹什麼？」朋友問。

「我在替你數打瞌睡的人。」小仲馬風趣地說。

後來，小仲馬的《茶花女》公演了。這位朋友也被邀請觀看。這次，輪到朋友回頭找打瞌睡的人，好不容易找到一個，朋友說：「今晚也有打瞌睡的人呀！」

小仲馬看了看打瞌睡的人，說：「你不認識這個人嗎？他是上一次看你的戲睡著的那一個，至今還沒醒呢！」

小仲馬和朋友之間的幽默是建立在一種真誠的友誼基礎上的，沒有虛偽的客套，這樣的幽默更能增進朋友間的友誼。可見，幽默在交朋友的過程中固然重要。但是，一切幽默要本著真誠的出發點，才能夠讓人感受到你的友好。

掌握了幽默的交友技巧，你再不會苦於沒有知心朋友，陌生人將會成為你的新朋友，新朋友將會成為你的老朋友。

3．幽默讓你輕鬆面對人際關係

幽默是人際關係的潤滑劑。幽默能使激化的矛盾變得緩和，從而避免出現令人難堪的場面幽默化解雙方的對立情緒，使問題

更好地解決。美國作家特魯說：「當我們需要把別人的態度從否定變到肯定時，幽默力量具有說服效果，它幾乎是一種有效的處方。」他還講道：「幽默幫助你解決人際關係問題。當你希望成為一個克服障礙、贏得他人喜歡和信任的人時，千萬別忽視這種神祕的力量。」

有的人在與他人的合作中聽不得半點「逆耳之言」，只要別人的言語稍微有所不恭，不是大發雷霆就是極力辯解，其實這樣做是不明智的。這不僅不能贏得他人的尊重，反而會讓人覺得你不易相處。所以，在與人相處中只有始終保持愉快的心情，謙虛、隨和、幽默，這樣才能讓你和別人的合作更加愉快。

喬治和他的兩個好朋友去樹林裡伐樹，但是他的體力比不過他的兩位身強力壯的朋友。晚上休息時，他們的領隊詢問白天每個人伐樹的成績，有一個同伴答道：「傑克伐倒55株，我伐倒49株，喬治這個笨蛋只伐倒了15株。」

雖然朋友說的是玩笑話，但是對於喬治來說確實不怎麼順耳。就在喬治即將發怒的時候，他突然想到自己伐的樹確實很少，簡直和老鼠打窩時咬斷樹基一樣，不禁笑著說：「你說的不對，我是用牙齒使勁咬斷那15株樹的。」

在這個故事裡，喬治是一個善於控制自己情緒的人。他以幽默的方式心平氣和地面對自己的不足和別人的攻擊，體現了非凡的忍耐力和大度寬容的胸懷。

幽默不僅能解決矛盾的衝突，而且還是心靈溝通的藝術。人

們憑藉幽默的力量，打碎封閉自己的外殼，主動地與人交往，通過幽默使人們感受到你的坦白、誠懇與善意。

在嚴肅的交談和例行公事般的來往中，人們互相之間往往有一種戴著假面具的感覺，人們都似乎只想讓人了解自己的外表，卻讓別人無法探知自己的內心，這樣的交流是極難深入下去的，而沒有心靈溝通的社交，不能算是成功的社交。幽默可以讓人們看到你的另一面，一個似乎是本質的、人性的、純樸的一面，這是人性的共通之處。

美國總統雷根曾回到他的母校，在畢業典禮上致詞時，他嘲笑自己在學校的成績。他說道：「我返回此地只是為了清理我在學校體育館裡的櫃子……但獲此殊榮，我心情十分激動，因為我過去總認為只有得到第一名才是榮譽。」

這一番展示自己另一面的講演，取得了很好的效果。

奧地利精神分析大師佛洛德講過：「最幽默的人，是最能適應各種環境的人。」的確，幽默能使我們在社交場合上應對自如，我們可以用幽默來化解各種各樣的危機和困境。

有一次，英國首相兼陸軍總司令的邱吉爾去視察一個部隊。天剛下過雨，他在臨時搭起的臺上演講完畢下臺階的時候，由於路滑不小心摔了一個跟頭。士兵們從未見過自己的總司令摔跟頭，都哈哈大笑起來，陪同的軍官驚慌失措，不知如何是好。邱吉爾微微一笑說：「這比剛才的一番演說，更能鼓舞士兵的鬥

志。」效果的確如邱吉爾所戲言的那樣，士兵們對總司令的親切感、認同感油然而生，他們必定會更堅定地聽從總司令的命令，從而更英勇地去戰鬥。

用幽默化解困境，回答難題，維護自己的利益，捍衛自己的尊嚴，而又不傷對方的感情，達到良好的效果，這是別的手段難以媲美的。

總之，幽默是社交成功的法寶。運用幽默的力量，我們就能通過成功的社交，走上成功的道路。幽默可以為我們帶來充沛的活力和堅忍的意志，它具有很大的創造力。

✦ · 以幽默獲得他人的同情和諒解

每個人都是社會中的一員。有時，在工作中，在家庭中，或在異性朋友的交往中，難免會遇到各種摩擦和碰撞，特別是會出現一些尷尬的事件，這時，就需要隨機應變的幽默與機智來緩和氣氛。比如說，要求對方把借你的東西歸還，實在是件很困難的事情。如果太直截了當，就很容易傷了對方的感情。但打油詩高手小王，就利用打油詩收回了人家向他借的雨傘。

小王有位好朋友名叫陳某。小王把自己唯一的一把雨傘借給了這位好友。可是過了很長時間，這位好友都始終不提要還傘的事。小王真可謂足智多謀，他做了一首打油詩：

「我在濕淋淋的日子裡借給你傘，含有無比的熱誠。請在

未破損之前，賜還予我吧！」

收到這首詩的陳某，也回了兩句：

「由於無話可說，我就閉上嘴巴還給你吧。」

他立即派人把傘送去了。

有時候誇大一點自己的缺點，能夠消除自己的自卑感，以幽默獲得別人的理解和同情，還能收到有趣的效果。比如，英國有位很胖的作家常常這樣回應朋友們對他的體重的擔憂：「我比任何男人都多三倍的仁慈，因為我在公共汽車上只要站起來讓位，就能同時令三位女士受惠。」

用幽默的方式表現原原本本的你，同樣也能獲得他人的認可和尊重。坦誠開放地與人相處，有時能獲取我們自己也會懷疑的安全感。通過幽默的力量，我們比較能承認這種不安全感，而不至於把它看得太嚴重。然後我們能夠消除疑慮，強化自我觀念，紮穩人生的根基。而且我們無需擔心會過於坦誠開放，因為我們能深信自己的缺點、背景以及過去和現在的環境，通過幽默的方式已經得到了大家的理解，並得到同情和尊重，這會比過去我們試圖掩飾逃避來的好。

有一則關於伊利諾州參議員德克森的故事。

當德克森首次問鼎國會時，他聽到對手在政見發表會上，對家世大做文章。這位對手的祖父是個將軍，叔父是州立最高法院的法官……

輪到德克森發言了：「各位女士，各位先生，」他說，

「本人深感榮幸有這樣的家世——我和各位一樣，從平凡家庭一脈相傳、源遠流長而來的。」

結果，掌聲不絕於耳，獲得壓倒性的勝利。

詩人麥琨有一次對他自己「從婚姻外的關係而出生」的事實開玩笑。「我生來就是個私生子，」 麥琨說，「但是有人卻窮其一生來成為私生子。」

也許你覺得你生錯了時代，或生錯了地點，或生錯了家庭；或者你為過去的經濟環境感到困窘，生怕有人提起。我們要提出一些方法，可以發揮幽默的力量來解決這些小小的困境。同時你也可以自己發明自己的方法來用。

「我們從來不窮，也沒挨過餓，只是有時會把吃飯的時間去向後延延罷了。」

「我出身於窮苦的家庭，在我很小的時候，別的小孩做飛機模型，但我做的是漢堡麵包模型。」

當幽默幫助我們在情緒上坦誠開放時，我們和周圍的人都會感到舒服。每個人都有自己的難言之隱，許多卓有成就的偉人，都向我們顯示過，應該對個人的過去和成就如何應對，我們也可以學之一二。

5 · 幽默可化解人際交往的尷尬困境

在眾人面前不小心打翻了酒杯，或者踩破了裙子，這些小事

都會讓我們覺得很丟臉很狼狽，從而陷入尷尬的境地。如果這時略施幽默技法來進行自我保護，便可以輕鬆擺脫窘境，變被動爲主動。

在一次公司舉行的宴會上，一位職員不小心將一杯酒灑在了董事長的禿頭上，在場所有的人都驚呆了，這位職員也嚇得面色蒼白，場面異常尷尬。這時，只見董事長不慌不忙拿起手帕，輕輕擦去禿頭上的酒，爽朗地說道：「你知道嗎？其實葡萄酒對於治療禿頭的效果，並不明顯。」

這種尷尬的時刻，一句幽默的話語顯得多麼重要。董事長的機智和幽默化解了所有人的擔心，而且還給人留下聰明、大度、智慧的好印象，讓人敬佩。不要再爲小事而抓狂，學會用幽默面對人生中的尷尬，那麼煩惱將會與你分道揚鑣而馳。

有幽默感的人往往思維敏捷、反應迅速，在複雜的環境中從容不迫，妙語連珠，常常憑藉幽默的力量化險爲夷。

約翰‧亞當斯競選美國總統期間，一位共和黨人指控亞當斯曾經派遣競選夥伴平克斯將軍到英國去挑選四個美女做情婦，兩個給平克斯，兩個留給自己。

亞當斯聽了之後，哈哈大笑，說道：「假如這是眞的，那平克斯將軍肯定是瞞過了我，全都獨吞了！」

在這裡幽默的語言巧妙地化解了一場尷尬的局面，避免了不

必要的衝突。正如某位哲人所說：「當我們的社會通過一種幽默的能力而被深刻地認識，當每一位公民業已被幽默所征服，我們也就置身在一種和諧的氣氛中了。」所以，試著用幽默的力量來釋放自己，使你的精神超脫塵世的種種煩惱。用幽默來增加你的活力，使生活多一點情趣。

幽默的力量令人難忘，同時也給人以友愛與寬容，幽默可使自身樂觀、豁達，不僅如此，幽默還能潤滑現實中人與人的關係，超越用其他方法無法超越的限制。

在一輛公共汽車上，一位女乘客不停地打擾司機，汽車每行駛一小段，她就提醒司機一次她要在哪兒下車。司機一直很有耐心地聽，直到後來她大叫道：「我怎麼知道我要下車的地方到了沒有？」司機說：「你什麼時候看我臉上有了笑容，就是到了你要下車的地方了。」

由於女乘客的干擾，公共汽車的司機有可能駕駛不好汽車，但是司機對這位女乘客又不能直言冒犯，他巧妙地採用委婉的幽默方式達到了自己的目的，運用幽默的力量使自己擺脫了兩難的尷尬境地。

羅伯特·斯蒂文森曾經說過：「一般掌握幽默力量的人，都有一種超群的人格，能自在地感受到自己的力量，獨自應付任何困苦的窘境。」面對生活中的令人尷尬的事情，我們不妨用幽默去應付和化解它。

6 · 幽默的寒暄能夠拉近心理距離

寒暄是人們日常交流中的一項重要內容。因爲經常見面的熟人，不可能總有很多話要說，也沒有多餘的時間一見面就站在路面沒完沒了地聊。而一旦遇見了熟人，如果因爲嫌麻煩而不打招呼也過於不近人情，更無法緩衝熟人相遇時所產生的下意識的緊張情緒。

但是過於一般的寒暄常常使人覺得生活乏味。爲了增添生活樂趣，維護良好的人際關係，我們可以試著在寒暄的時候打破常規，注入幽默元素。下面是一個典型的幽默寒暄故事。

連續下了好幾天的雨，某公司的幾個同事見了面，一個人說：「這幾天怎麼老是下雨啊？」一位老實的同事按常規作答：「是呀，已經六天了。」一位喜歡加班的同事說：「嘿，龍王爺也想多撈點獎金，竟然連日加班。」另一位關注市政的同事說：「國宅處忘了修房，老是漏水。」還有一位喜愛文學的同事更加幽默：「噓！小聲點，千萬別打擾玉皇大帝讀長篇悲劇。」

加入了幽默成分的寒暄的確與眾不同，既活潑又風趣，一下子就拉近了人與人之間的距離。

許多有幽默感的老年人喜歡晚輩和他們開一些善意的玩笑。所以，當你剛出門就遇見老年鄰居時，你就可以幽默地和他們寒暄一番，這樣很容易就能和他們搞好關係，一般情況下，他們還會逢人就誇你會說話呢。

一個大熱天，小王趕早趁天氣涼爽去公司上班。她剛出家門，就看見鄰居劉大媽在樹蔭下練腰腿。她走過去神祕地對劉大媽說：「大媽，這麼早練功，不穿毛衣小心著涼啊。」一下子逗得劉大媽哈哈大笑，笑著罵道：「你這個鬼丫頭！再不走你上班可要遲到了，現在都9點多了。」小王一聽趕緊看錶，才8點。看到劉大媽在那裡得意地笑才知道自己上當了。以後，每次劉大媽見到小王都非常主動地和小王打招呼，逢人就誇小王聰明伶俐，還張羅著給小王介紹對象呢！

　　很多時候，新近發生的大事件也會成為人們寒暄中的話題。因為，大事件是大家都關注的，人們可以從中找到共同語言，可以避免在寒暄中話不投機而導致的尷尬。下面就是一個利用大事件在寒暄中製造幽默的例子。

　　前些年由於厄爾尼諾現象的影響，氣候反常，快到夏天的時候，人們都還穿著厚衣服。很多熟人見面後的第一句話就是：「氣候太反常了，都過了農曆四月了，天氣還這麼冷。」可是，有一個幽默的汽車司機就不那麼說，他見到同事李師傅的時候說：「李師傅，這不又快立秋了，毛衣又穿上了。」他見到鄰居張大爺的時候也會故意幽默地問：「張大爺，您老也沒有經歷過這麼長的冬天吧，到這時候了還這麼冷？」恰好張大爺也是一個幽默人，他笑著說：「是啊，大概老天爺最近心情不太好，老是板著一副冷面孔。」

　　現在人們的生活水準提高了，人們都喜歡以「誇別人富有」

作爲寒暄中的話題，尤其在農村，這種看似俗氣的寒暄更是常常發生。其實，在寒暄中逗樂似地誇別人富有，也會收到很好的幽默效果。

李大娘午飯後恰好遇到大劉，大劉常規地寒暄道：「大娘，您吃過午飯了嗎？」李大娘既然被稱作大娘，自然年紀不小了，可是她整天樂呵呵的，好像比大劉還年輕。她回答說：「呵，還沒吃呢。你中午吃什麼好東西了，也不請大娘我去吃，瞧，現在還滿嘴都是油呢！」

李大娘幽默地誇讚大劉的生活過得好，她對大劉的假責怪顯得很親熱、愉快，很自然地就拉近了她與大劉的距離，也成功地塑造了自己平易近人、和藹可親的長輩形象。

不要小看寒暄幽默，它能使你在不知不覺中將歡笑和快樂帶給別人，拉近自己與他人的心理距離。

7 · 歪打正著，幽默不斷

有這樣一段對話。

某人有一次在宴席上問魯迅：「先生，你爲什麼鼻子塌？」

魯迅笑著回答他說：「碰壁碰的。」

魯迅的回答，既有對社會現實的不滿，又有對自己生活坎坷經歷的嘲諷，這樣豐富的具有社會意義的內容與「塌鼻梁」這樣一個具有醜的因素的自然生理特徵結合在一起，便產生了無法言

喻的幽默感。

　　對事情進行似是而非，甚至是牛頭不對馬嘴的解釋，能表達調侃之情，產生幽默之趣。這種方法被稱爲「歪解法」。下面請看歪解運用的幾則實例。

　　甲：鹹鴨蛋爲什麼是鹹的？
　　乙：鹹鴨蛋是鹹鴨子生的！
　　甲：魚爲什麼生活在水裡？
　　乙：因爲地上有貓。
　　甲：你的狗生跳蚤嗎？
　　乙：不，牠只生小狗。
　　甲：簡述母乳餵養的好處。
　　乙：便於攜帶。

　　以上歪解而產生的幽默，要麼得力於幽默者的「智錯」，要麼得力於幽默者的「奇詭」，均令人啞然失笑，過耳不忘。
　　運用歪解法，由於可以放開想像的翅膀，對事物進行隨心所欲的解釋，所以，很多聰明之士常常用它解難。

　　若干年前，美國一位出版商有一批滯銷書久久不能脫手。一天，他忽然有了主意，便給總統送來一本書，並三番五次地去徵求意見。忙於政務的總統不願與他多糾纏，便回了一句：「這書不錯。」
　　出版商便利用這句話，大做廣告：「現有總統喜歡的書出

售。」於是,這些書便被搶購一空。

　　不久,這位出版商又有書賣不出去,又送一本給總統。總統上過一次當,想奚落他,就說:「這書糟透了。」

　　出版商聞之,腦子一轉,又做廣告:「現有總統討厭的書出售。」不少人出於好奇爭相搶購,書又售罄。

　　第三次,出版商再次將一本書送給總統,總統接受了前兩次的教訓,便不做任何答覆。

　　出版商卻又措出新辭:「現有令總統難以下結論的書,欲購從速。」這回書又被搶購一空。

　　最終的結局是總統哭笑不得,商人卻大發橫財。

　　在歪解幽默的運用上,不能不單獨提一筆的是,美國人安‧比爾斯著的《魔鬼辭典》,這部西方最負盛名的諷刺、幽默、調侃反語辭典,是集「歪解法」之大成的經典之作。仔細地看《魔鬼辭典》詞條的解釋,貌似歪理,而許多時候都是在從不同的角度去描述一種真實。

　　這也提醒我們,在看待「歪解法」炮製的幽默時,不要以為全是歪得無譜,應注意歪打正著!

8‧笑對人生,振作精神

　　以笑來面對日常生活中那些可以引起我們不快的小事情,要眼看著不快的情緒消失。藉著笑的分享,你就可以把瑣細的問題擺在它適當的位置,和你整個生活相比,它就顯得很小了;你也

能以此提醒別人，這有助於他們輕鬆地面對事情，你會使他們重振精神。

說說天氣吧，以天氣為題材，說個笑話。

我發現特別是在太冷、太熱或太濕的天氣裡，有關氣象的笑話更能振奮聽眾的精神。在你自己的生活裡，也試試這樣的「振奮劑」吧！

「氣象預報人員說今早會降大霧。今天早上我的鄰居跨出前門，現在他正在大霧中打撈他的身體。」

「如果再來一季這樣惡劣的寒冬，我就要退休了。我要在車頂上綁一把鏟雪的鏟子，然後朝南駛去，一直開到有人指著鏟子說：『那東西是幹什麼用的？』我才會停下來。」

對太潮濕或太乾燥的天氣做趣味的解釋，試試看說說這樣的故事。

一個初到美國新墨西哥州的遊客，問當地一個皮膚被太陽曬成古銅色的居民說：「難道你們這裡從來不下雨？」

這位居民想想，然後反問：「你還記得諾亞和方舟的故事裡，是如何說當時連下四十晝夜的大雨的嗎？」

「當然記得。」遊客回答。

「那個時候啊，」這位新墨西哥人說，「我們這裡才只有一英寸的雨量。」

當你等候時，以微笑來和人分享。當你在超級市場的結帳出口或銀行大排長龍的時候，是和其他人一樣等得焦躁不安呢，還是拿出你的幽默力量來與他人分享。

「這是自然的法則，我沒去排的那一行總是動得快些！」
「速度快不一定是最好的。否則的話，兔子早就來統治這個世界了。」

在超級市場排隊時可以說：

「我買了一條比目魚，但是排隊排了這麼久，現在我買的可是一條比目魚的魚乾了。」

表現原原本本的你，坦誠開放地與人相處，能幫助我們承認我們有時也會懷疑自己或對自己沒有安全感。透過幽默的力量，我們比較能承認這種不安全感，而不致把它看得太嚴重。然後我們能夠除去疑慮，強化自我觀念，紮穩人性的根基。

同時，我們無須擔心會過於坦誠開放，因為我們能深信自己的缺點、背景，以及過去或現在的環境，無論是好是壞，都會比過去我們試圖掩飾逃避來得好。

◎ 智救故鄉

　　古希臘哲學家阿那克西米尼出生於中亞的萊普沙克斯。他對故鄉有著深厚的感情。有一次，他跟隨亞歷山大遠征波斯，軍隊佔領萊普沙克斯時，他急於拯救他的故鄉，使它免遭兵災。

　　一天，他為此晉謁國王。可亞歷山大早就知道了他的來意，未等他開口便說：「我對天發誓，決不同意你的請求。」

　　「陛下，我請求您下令毀掉萊普沙克斯！」哲學家大聲說。萊普沙克斯終因哲學家的智慧倖免於難。

⇨說話、做事，都要為自己留後路，否則被別人抓住破綻或漏洞，局面就會非常被動。

◎ 知情者的從容

　　威廉・亨利・西沃，美國政治家，曾任紐約州州長，州參議員。美國內戰前夕，西沃有一天參加了民眾集會。與會人員都在推測最近軍隊的祕密調動是怎麼回事。一位婦女注意到了他的沉默，便挑戰似的問他：「州長先生，你對這個問題怎麼看？你能猜測一下部隊大概會往哪兒開嗎？」

　　西沃微笑著說：「夫人，假如我不知道內情的話，我早會就把我的猜測，告訴您了。」

⇨在交際場合中，沉默的人可能就是知道內情的人，至少是了解資訊比較多的人。

◎ 溫泉的奇蹟

　　一名風濕病患者來到著名的溫泉，詢問經理：「這裡的泉水

是否真對身體有益？洗過溫泉浴我會覺得好些嗎？」

　　「要我舉一個例子嗎？」經理說，「去年夏天來了位老人，身體僵硬得需要坐輪椅。他在這裡住了一個月，沒付帳就自己騎自行車溜了。」

⇨把客人說得動心且滿心歡喜，正如同「金蘋果掉在金網上」那麼寶貴。話不在多，在於恰到好處，言不一定達意，但要得當。

◎ 急慢性子

　　馮道與和凝是五代時的大官。前者性子慢，後者正相反。

　　一天，和凝見馮道買了一雙新靴，便問：「花了多少錢？」

　　馮道慢慢抬起一隻腳：「九百文。」

　　和凝一聽，頓時火冒三丈，回頭便罵僕人：「你替我買的那雙靴，為什麼要一千八百文？」

　　和凝越說越氣，卻見馮道又慢慢抬起另一隻腳，慢條斯理地說：「別急嘛，這隻也是九百文。」

⇨任何時候，都要在別人說完話以後再發表觀點，這樣你才不會像個冒失鬼，曲解了別人的意思。

◎ 立刻奏效

　　在麗尼公園，許多人都喜歡在柔軟的草地上走。「不許踐踏」的告示牌，一點也不起作用。

　　後來，公園另外豎起了一個木牌之後，便再沒有一個人走草地了。原來牌上寫著：「草地已埋地雷。」

⇨很多時候恐嚇比勸阻有效得多,這已經是接近於人的常態的非常態。

◎ 您有幾條命

一位公爵的僕人當著公爵的面談論某大主教對待底下人非常寬宏大量。公爵聽見了,說道:「他可能是那樣,因為他是要命不要錢的。」那個僕人馬上問道:「大人,那您到底有幾條命呢?」言下之意即諷刺主人要錢不要命。

⇨因為不甘心接受別人對他人讚賞,有人會想出這樣或那樣的理由來反駁,殊不知無言以對的恰恰是自己。

◎ 沒腦子

一個說話不經過大腦的男人與一位小姐共舞。

男人:「你結婚了嗎?」

小姐:「還沒有。」

男人:「那你有幾個孩子了嗎?」

小姐大怒,拂袖而去。男人尋思下次不能再這樣問了。

後來有一次他又與一位已婚婦人跳舞。

男人:「你幾個有孩子了嗎?」

婦人:「有兩個。」

男人:「那你結婚了嗎?」

⇨常說對症下藥,因人而異,就像這個故事,應該根據對象來選擇問的問題,否則本來是好事結果卻往往會變得比較糟糕。

◎ 謙虛

湯瑪斯・傑弗遜是美國第三任總統。一七八五年他曾擔任駐法大使。一天，他去法國外長的公寓拜訪。「您代替了法蘭克林先生？」外長問。「是接替他，沒有人能夠代替得了他。」傑弗遜回答說。

⇨一字之差，意義大變。尤其是在嚴肅的交際場合，字斟句酌更顯得必要。

◎ 不妨礙思考

有一天，一位熟人到俄國化學家門捷列夫家串門，他喋喋不休地講個不停。「我使您感到厭煩了嗎？」客人最後問。

「不，沒有……你說到哪兒去了，」門捷列夫回答說，「請講吧，繼續講吧，你並不妨礙我，我在想自己的事情……」

⇨人貴有自知之明。討人厭煩還不自知，這樣的人處理起人際關係來，估計是最差的。

◎ 學問和金錢

父子二人經過五星級飯店門口，看到一輛豪華的進口轎車。

兒子不屑地對他的父親說：「坐這種車的人，肚子裡一定沒有什麼學問！」

父親則輕描淡寫地回答：「說這種話的人，口袋裡一定是沒有錢的傢伙。」

⇨口頭表述對事情的看法，有時恰恰是內心中相反態度的表達。

◎ 一塊蛋糕

作曲家賈科莫‧普契尼和義大利音樂家、樂隊指揮阿圖爾‧托斯卡尼尼是一對老搭擋。每年耶誕節賈科莫都要給他的朋友送一塊蛋糕。有一年耶誕節前夕，賈科莫同阿圖爾吵了一架，因此想取消送給他的蛋糕，但為時已晚，蛋糕已經送出了。

第二天，阿圖爾收到賈科莫的電報：「蛋糕送錯了。」他便隨即回覆了份電報：「蛋糕吃錯了。」

⇨我們有時也會犯這樣的錯誤：幫助了別人，還要發一頓牢騷，以宣洩自己的不滿。其實，這是最傻的一種行為，用「賠了夫人又折兵」來形容再恰當不過了。

◎ 參觀者

「這個廠就這麼小嗎？」財大氣粗的美國人問陪同人員。他正在參觀一家大冶金工廠。他指著一個貯油罐問：「這裡裝的是什麼？」

「沒什麼，不過是工廠辦事處人員所用的墨水。」廠方陪同人員回答。

⇨對於那些自以為是的傲慢，最好致以同樣的傲慢。

◎ 褒貶

故事發生在一家飯店裡。

「我真不明白，為什麼有人竟然說你們這裡的飯菜不好！比如說，這裡的咖啡不就很好嘛！」

「請原諒，先生。這不是咖啡，這是雞湯。」侍者說。

⇨對於一件過於糟糕的事情，與其做不恰當的讚揚，倒不如給出誠懇的批評。

◎ 鬧鐘

妻：你說娶我不如買個鬧鐘。

夫：鬧鐘可以叫它停，你卻不能。

⇨語言的過多傾出，於己是種發洩，於人卻是一種折磨。有時候，沉默往往更容易讓我們獲得應有的尊敬。

◎ 不懷好意

「由於現代女子越來越省布料，出門都穿著輕薄短小，有些人甚至不戴胸罩，」一位妻子正在津津有味地念報上的一則新聞，「所以街上的交通事故據統計已經減少了一半，因為男人的車速都慢了下來。」

這時，正在旁邊看電視的丈夫冷不丁地插了一句：「那為什麼不想辦法徹底杜絕交通事故呢？」

⇨某些人總是能把一些不可告人的目的，通過冠冕堂皇的理由表達出來。這是我們要小心的地方。

◎ 只給20分鐘

一九一〇年，希歐多爾・羅斯福下野後，作為威廉・塔夫脫總統的特使，參加英國國王愛德華七世的葬禮，並安排葬禮後與德國皇帝會晤。德皇傲慢地對羅斯福說：「2點鐘到我這裡來，我只能給你45分鐘時間。」羅斯福回答說：「我會2點鐘到的，

但很抱歉，陛下，我只能給你20分鐘。」

⇨「尊重別人就是尊重自己」。在行為道德上，這如同鏡子的兩面，你能給別人多少，就能從別人那反射多少。所以，學會尊重別人，是我們獲得尊重的第一課。

◎ 珍奇動物

老師問：「同學們，誰能說出一種南非的珍奇動物？」

「北極熊！」小娜不假思索地站起來回答。

「孩子，」老師和藹地說，「在南非是找不到北極熊的。」

「我知道！」小娜說，「正因為這樣，北極熊在南非才是珍奇動物嘛！」

⇨強詞奪理除了帶給自己虛妄的快感和旁人的嗤鼻一笑以外，毫無真實的價值和現實的意義──後者才是我們應該追求和尊崇的！

◎ 修女與司機

一個中年修女搭乘上了一輛計程車，從她坐入計程車開始，那個年輕的計程車司機就不停地盯著她看。於是，她問那個司機：「你為什麼一直盯著我看？」

年輕的司機回答道：「我有一個請求，但是我又不想因此而冒犯神聖的你。」

中年修女說：「我親愛的孩子，你不會冒犯我的。如果你到了我這樣的年紀，做了那麼長時間的修女，人世間的是是非非都已經看到、聽到或者經歷過了，我相信你不可能說些什麼令我感到被冒犯了。」

「那我就說了，我總是常幻想去親吻一個修女。」

中年修女說：「讓我來猜猜，第一、你一定還沒有結過婚；第二、你一定是一個天主教徒。」

那個年輕司機非常興奮地說：「是的，我是還沒有結過婚，我是一個天主教徒。」

中年修女說：「那好吧，把車子開到前面的那條小巷裡。」

年輕司機把車開入小巷後，中年修女不但滿足了他的願望，還做了那件事。當他們回到大道上，那個司機卻哭了起來。

「我親愛的孩子，」中年修女說：「你為什麼哭泣？」

「原諒我吧，我違反了宗教的教律，我說了謊，我必須懺悔，我已經結婚了，而且我是一個猶太教徒。」

中年修女說：「不必擔心，我叫洛絲，我正要去參加萬聖節的化裝舞會。而且我也要謝謝你，我好久沒那麼痛快了！」

⇨當你迫切的想得到某樣東西而不惜一切的時候，千萬不要認為自己已經成了主宰，也許這時你正是另一個人不惜一切想得到的獵物。愚弄別人的最終往往被他人所愚弄。

◎ 抵押

顧客：「對不起，這頓飯錢我付不了，因為我忘了帶錢。」

餐館老闆：「沒關係，請把你的尊名寫在牆上，你下次來時再付好了。」

顧客：「這可不行，別人都會瞧見我的名字的。」

餐館老闆：「把你身上的大衣脫下來掛到牆上，不就可以遮住了嗎？」

⇨不要企圖以自己的小聰明去愚弄他人，因為這會使你面臨他人對你更大的愚弄。

◎ 彈琴和補靴

　　庫勒克是德國的大鋼琴家，有一次被富翁白林克請去吃飯。白林克過去是個鞋匠。進餐完畢，主人要求客人彈支曲子，庫勒克只好從命。

　　不久，音樂家也邀請白林克來吃飯。飯後，他捧出一雙舊靴來。富翁感到很奇怪，庫勒克說：「上次你請我，是為了聽曲子；今天我請你，是為了補靴子。」

⇨只要欠別人一份人情就好比欠債一般，總有你還債的一天。

◎ 不爭議的智慧

　　有一個民間故事，說兩個人爭論。一個說《水滸傳》上有個使板斧的好漢叫李達，另一個堅持說叫李逵。

　　兩人爭論不休，就打賭20塊錢，去找一位古典文學權威評定。權威笑瞇瞇地看了兩人一會，判定《水滸》上的好漢乃是李達，於是主張李逵者輸掉20元錢。

　　事後，「李逵派」質問權威為何如此荒唐斷案。權威答道：「你不過損失了20元錢，那小子如此頑冥不化，我們就害他一輩子好了。他從此認定這好漢乃是李達，還不出一輩子醜嗎？」

⇨有時候，對謬論的附和，恰恰是對謬論者最大的懲罰。

◎ 約會

　　一個大學生去相親，談起班上的同學口若懸河，如數家珍地說起了同學們的外號：白兔，二牛，騷狐，小豬，當他講累了的時候，女孩問他：「你在大學上的是動物管理專業嗎？」

⇨俗話說「話不投機半句多」，如果話沒有說到對方的心坎上，說得越多就會越讓對方覺得無味，說話要注重場合，談論某個話題要懂得適可而止。

◎ 只看見自己

　　一位傲氣十足的大款，去看望一位哲學家。

　　哲學家將他帶到窗前說：「向外看，你看到了什麼？」

　　「看到了許多人。」大款說。

　　哲學家又將他帶到一面鏡子面前：「現在你看到了什麼？」

　　「只看見我自己。」大款回答。

　　哲學家說：「玻璃窗和玻璃鏡的區別只在於那一層薄薄的水銀，就這點點可憐的水銀，就叫有的人只看見他自己，而看不見別人。」

⇨人們通常只看見自己，看不到別人。哲學家的話讓大款明白了一個道理：人貴有自知之明，無論你的成就有多高，一定要清楚天外有天，人外有人，時刻保持謙虛和謹慎。

◎ 出海很久了

　　有一個人到市場上去買魚，他隨手從魚攤上拿起一條魚在鼻子上嗅了嗅，賣魚的人怕他聞出自己的魚不新鮮，就生氣地說：

「先生，你不買魚沒關係，你聞什麼？」他回答說：「我沒聞，我是同魚談談話。」

「你同魚談些什麼話？」

「我問魚，海裡最近有什麼新聞沒有。」

「魚怎麼回答你呢？」

「魚說，牠不知道海裡的新聞，因為牠出海時間很久了！」

⇨在一些比較敏感的商務活動中，直言不諱只能導致事與願違，而適當採用些外交辭令，既能委婉地表達出自己的意願，又不致陷入被動尷尬的僵局。

◎ 偷火雞

有個小偷兒到教堂做彌撒。牧師問他：「什麼風把你吹來了？這星期你沒偷火雞吧？」

「沒有，一隻也沒有偷。」

「其他雞有沒有偷？」

「也沒有。」

「太好了，你已經接近上帝一步了。」

小偷兒低聲說：「還好……如果他問我偷鴨子沒有，我就遠離上帝了。」

⇨語言是一種藝術，詢問是一種技巧。能否最快地得到想要的答案，是判別一個人設計問題高下的方法。這也是為什麼有些人能當首席記者，採訪世界名人，而有些人只能替人校稿。

◎ 陪審團是豬

年輕的律師為他的第一個案子出庭，他的當事人的24頭豬，被鐵路局的車給撞死了。為了強調損失的巨大，他激動地說：「先生們，想一想吧，24頭豬呀！那是你們12個陪審團的兩倍呀！24頭豬！」

⇨當我們想要表達的一切在不經意間，開始背離我們最初想要達到的效果時，不妨想想，是不是我們忘記了，我們是在對他人講述，而絕不是自言自語而已。對他人的尊重總是讓我們獲益。

◎ 差別

甲：外交官與女人之間，有何差別？

乙：外交官說「是」就是「也許」，說「也許」多半意味著「不」，而直接說「不」的就不是外交官了。相反，女人說「不」就是「也許」，說「也許」多半意味著「是」，而直接說「是」的，就不是一個女人。

⇨學會辨別不同人的「語意」差別，會讓我們在實際社交中遊刃有餘。

◎ 放蕩與淫蕩的區別

亨利四世到一個莊園用餐，派人找來一個放蕩漢作陪。亨利四世讓放蕩漢坐到他的對面，問道：「你叫什麼名字？」「陛下，我叫放蕩漢。」這位鄉下人回答。「哦！放蕩漢！你叫放蕩漢，這個名字有意思，那麼，你能告訴我放蕩與淫蕩之間的區別嗎？」「陛下，他們只隔一張桌子。」鄉下人答道。

⇨面對外來的攻擊，如果說不以牙還牙，就會使對方更加囂張地嘲弄自己，面對富人的不屑，窮人更應該有骨氣來回應，這時不應該以金錢、地位為籌碼，而是機智的語言。

◎ 我姓達令

公司總裁鑽進他那輛豪華小轎車，發現司機已換成一位陌生的漂亮姑娘。

「請問你叫什麼名字？」

「查理斯，先生。」姑娘回答。

「對不起，我對我的雇員從來不直呼其名。」總裁說。

「先生，我姓達令。」

「……」總裁猶豫了片刻，只好說：「開車吧，查理斯。」

（注：達令，英語，意即親愛的）

⇨世界上沒有完全絕對的事情，有些意外會讓人改變初衷，但改變初衷並不代表沒有原則，堅持原則也應該是有條件的。

◎ 借題發揮

美國五星上將卡特利特·馬歇爾（一八八○～一九五九）在他駐地的一次酒會後，請求一位小姐答應讓他送她回家。這位小姐的家就在附近不遠，可是馬歇爾開了一個多小時的車才把她送到家門口。

「你來這裡不是很久吧？你好像不太認識路似的。」

「我不敢那樣說，但如果我對這個地方不熟悉，我怎麼能夠開一個多小時的車，而一次也沒有經過你家的門口呢？」馬歇爾

微微笑，說著。

　　這位小姐後來嫁給了馬歇爾。

⇨愛情表露的最佳方式，永遠是委婉加直白。過於委婉，未免拘謹；過
　於直白，未免淺薄。

◎ 穿井得人

　　宋國有個姓丁的人，家裡沒有井，為了澆地，每天要派一個
人到山下取水。後來，他家打了一口井，再也不用派人到山下取
水了。他告訴別人說：「我家開穿一口井，等於得了一個人
喲！」這話傳來傳去，不斷有人添枝加葉，結果被傳成：「丁家
穿井挖出了一個人。」這句話傳到了宋國的國君那裡。他覺得很
奇怪，便派人到丁家去查問。丁家答道：「我家挖井省了一個
人，等於得到了一個人的勞力，不是在井裡挖出一個人呀！」

⇨謠言積毀銷骨，往往脫離事情的原貌。聽信他人、失去判斷，錯！
　人云亦云、到處散播，則是錯上加錯！

◎ 軍人保險

　　亨特先生被派到美國新兵培訓中心推廣軍人保險。聽他演講
的新兵100％都自願購買了保險，從來沒人能達到這麼高的成功
率。培訓主任想知道他的推銷之道，於是悄悄來到課室，聽他對
新兵講些什麼。

　　「小夥子們，我要向你們解釋軍人保險帶來的保障，」亨特
說，「假如發生了戰爭，你不幸陣亡了，政府將會給你的家屬賠
償20萬美元。但如果你沒有買保險，政府只會支付六千美元的撫

恤金……」

　　「這有什麼用，多少錢都換不回我的命。」下面有一個新兵沮喪地說。「你錯了，」亨特不急不忙地說，「想想看，一旦發生了戰爭，政府先會派哪一種士兵上戰場？買了保險的、還是沒買保險的？」

⇨演講中的表達方式很重要，不同的表達方式會給人帶來不同角度的思考，也會讓你的演講有不同的反響，你就會得到不同的結果。

第3章
演講中的幽默

演講是在比較正式的場合對眾人所作的一種帶有鼓動性、說服性、抒情性和表演性的講話。但是，不能因為它比較正式，演講人就一定要端起架子，板起面孔，做枯燥無味的陳述。所以，營造幽默輕鬆的氣氛是使演講易於為人接受的一種高明的方法。

1 · 幽默使你的演講升級

許多優秀的演講者都善於以幽默風趣的語言緊緊抓住聽眾的注意力，使聽眾在會心的笑聲中與他產生共鳴，從而比較容易地接受並牢牢記住他的觀點。

著名笑星鮑伯·霍伯說：「題材有出色和平庸之別，但是我知道如何通過時間的控制來使普通的笑話變成很棒的笑話。」

當你為了抓住聽眾的注意，更好地闡述主題時，插入的幽默笑話或小品必須是毫不做作的。說話要流利，態度要自然，舉止要有節制。

芝加哥有一個人，他一心想得到某俱樂部主席的位置。他在一次對俱樂部成員的演說中，但表現得過頭了，他在不到兩小時的演說過程中，他至少說了510則笑話，並配以豐富的表情和引人發笑的手勢。

聽眾們被他逗得哈哈大笑，在他講完最後一則笑話就要結束時，有人大叫：「再來一個！」

這位老兄真的又來了一個，再次把大家逗得大笑不止。

但是，他沒有當上俱樂部主席——他的得票數在幾個候選人中列倒數第二。當他悶悶不樂地走出俱樂部時，他問那位喊「再來一個」的聽眾說：「難道我會比他們差嗎？」

「不，一點也不差，」那人說，「你比他們有趣多了。不過，大家都一致認為，你更適合去當個喜劇演員。」

作為演講者，碰到的第一個難題通常是：主持人向聽眾介紹你，並且稱讚你的時候，你應該怎麼辦？這時，我們不能只是隨著主持人的介紹點點頭了事。那樣的話，就沒了幽默感，也不能給聽眾留下深刻的印象。

如果有人請你去演講，那麼你最好事先寫一份自我介紹，在演講開始前交給主持人。否則，出於禮貌，主持人可能會把你介紹為「著名的……」或「偉大的……」之類的人物。而這些對你將要進行的演講沒有絲毫的幫助。如果你的姓名比較特別或是容易出錯的話，那麼不妨運用幽默的方式讓主持人知道。著名演講家德克就是這方面的行家。

下面是他和主持人之間的一段對話：

「您怎麼稱呼，先生？」

「哦，我叫德克。」

「您是德克薩斯州人嗎？」

「不，我是路易斯安那州人。」

「那您為什麼取名德克？」

「我想我叫德克該比路易斯好些吧。有這樣一個怪名字確實有好處，不過我還沒發現好處在哪兒。」

這是介紹自己的一種好方式。不過，要注意的是，你一定要把自己的介紹詞建立在真實可信的基礎上，而且要簡潔易懂，讓主持人一看就明白。這樣的話，主持人也會樂於與你合作。在你與介紹人之間建立融洽關係的基礎上，你還得運用幽默的力量來隨機應變。

有位演說家在主持人介紹失誤之後，面帶微笑從容地說：「我希望我能說這是一次最好的介紹，但是實際上不是。你們知道我感到最滿意的一次介紹是怎樣的嗎？那是一次面對千萬人的演講會，我非常盼望得到『最偉大』的介紹，結果我終於得到了。那就是由我自己介紹自己。」

台下大笑，演說家也渡過了難關。

2 · 以幽默作為開場白

演講的開場很重要，它可以奠定整個演講的基調。就演講者來說，如果他一開始講話就很嚴肅，那麼接下去的演講就很難活

躍起來。而演講者與聽眾的關係一旦在開始時就是疏遠和有隔膜的，以後也不好拉近。

所以，開場時幽默一下是有好處的。它可以使演講者和聽眾都處於輕鬆的狀態之中，縮短雙方的距離。而且，在演講的正文開始以前，逗樂有充分的自由，有各種各樣逗樂的題材和方式。

也有人是以開自己玩笑的方式走上講臺的。讓我們來聆聽一下芝加哥兩位演說家的開場白：

第一位報出了自己的名字，然後說：「不知道在場的有沒有我小時候的夥伴？他們知道我有一個不光彩的綽號，但願他們都沒在場！」

第二位的開場白更引人注目。這是個身材高大的傢伙，五官也大得出奇。他說：「女士們，先生們，你們已看到我是個什麼樣的人了。我的耳朵很大，像貝多芬。可是長大以後，我為這對耳朵感到害臊了。不過，現在我對它們已經習慣了。說到底，它對我站在這兒演講並沒有什麼妨礙！」

本來，在第一位演說完後，聽眾已經有點睏乏了，但是第二位演說者的開場白又使他們的神經活躍起來，笑聲驅逐了睏乏。

這些風趣的開場白，無疑要比單調刻板的自我介紹強多了。

3・以幽默駕馭聽眾

一次演講要達到打動聽眾、激勵聽眾的效果，除了講究以情

動人、以理服人外，對演講內容的精心策劃和安排也十分重要。演講者不能板起面孔光講大道理，來顯示自己演講的深刻和發人深省；也不能光以表達自己的思想和情感爲滿足。如果流於空洞的說教、現象的羅列和人云亦云的老生常談，聽眾的注意力就無法集中，演講也難有好的效果。演講需要淺顯易懂，但並不是一味地要開門見山，直截了當。「文似看山不喜平」，好的演講必須講究疏密相間、張弛有度，才能引起聽眾的全神貫注和投入。有時候講求的曲折和波瀾更有利於演講的引人入勝。

讓我們來看魯迅先生的一篇演講《娜拉走後怎樣》。這是魯迅先生於一九二三年12月26日在北京女子高等師範學校任教期間爲學生們做的演講。這篇演講談的是關於婦女解放、男女平等的嚴肅話題，闡述了娜拉出走不是婦女解放的根本出路，婦女要實現解放，實現男女平等，首先要取得平等的經濟權，並且要進行艱苦的經濟制度的革命這樣一個深刻的主題。

但魯迅並沒有讓聽眾繃緊神經聽大道理，而是從易卜生的戲劇《娜拉》說起，談到了有些人認爲娜拉後來不是墮落，進了妓院，就是無路可走，只得回家。這裡魯迅充分發揮了演講疏密相間的特點，引申開去，說道：「人生最苦痛的是夢醒了無路可走。」「假如尋不出路，我們所要的就是夢；但是萬不可做將來的夢，只要眼前的夢。」然而娜拉既然醒了，是很不容易回到夢境的，因此只得走；可是走了以後，有時卻免不了墮落或回來。否則，就得問：「她除了覺醒的心以外，還帶了什麼去？倘只有一條像諸君一樣的紫紅的絨繩的圍巾，那可是無論寬到二尺或三尺，也完全是不中用。她還須更富有，提包裡有準備，直白地

說，就是要有錢。」「夢是好的，否則，錢是要緊的」。

魯迅的這段演講聽起來似乎漫不經心，像是在閒聊，又像在開玩笑，實際上與演講的主題有深刻的關聯，那就是娜拉出走，除了內心的覺醒，還要解決生存的問題。魯迅用通俗幽默的語言，聯繫聽眾的實際穿著打扮，娓娓道來，表面上輕鬆隨意，實際上讓聽眾在張弛有度的形象化的講述中，不知不覺地跟著演講的思路走，並且用一句「夢是好的，否則，錢是要緊的」的話引出演講的主題，做到了疏密得當，引人入勝。

古人提倡寫文章「謂如風行水上，自然成文」（宋朝劉器之語），好的文章講究自然流露，就像風行水上時疏時密，時緩時緊，水面上才能形成美麗別緻的水波。如果一味急風驟雨，或狂轟濫炸，無論如何也成不了美麗的風景。

一篇成功的演講也是如此，不能平鋪直敘，讓人如同喝白開水；也不能一氣呵成，讓人聽得喘不過氣來。要想讓演講生動感人，內容安排上就要講究豐富多彩，講究疏密相間，搖曳多姿；有波瀾，有起伏，時而輕鬆，時而嚴肅，在張弛有度的語言環境中，潛移默化地引導聽眾，感染聽眾。

如何做到演講時內容生動、疏密得當呢？從許多成功的演講中，我們可以看到，精心構思，精心安排，注重演講節奏和中心的突出，精心選擇和組織材料，講究語言的變化多端，使演講波瀾起伏，環環相扣，是成功演講的關鍵。

✔ · 以幽默應付臨場意外

有時演講會遇到一些意外情況，比如聽眾寥寥無幾，有人故意搗亂，聽眾提出刁鑽古怪的問題，聽眾反對演說者的觀點，等等。遇到這些情況，千萬不能氣餒、動怒、粗魯地對待，那樣會使演講遭到慘敗。而優秀的演說家能以幽默的方式沉著機智地應付各種意外情況的發生。

有一次林語堂在美國哥倫比亞大學講授中國文化課，對中國文化大加讚譽。一位女學生不服氣地發問：「林博士，你是說，什麼東西都是你們中國的好，難道我們美國就沒有一樣東西比得上中國的嗎？」這是一個不好回答的問題，如果演講者反過來讚揚美國，不利於演說的主題；如果嚴肅地表示美國不如中國，會引起在座學生的敵意。

林語堂只是輕鬆地回答：「有的，你們美國的抽水馬桶就比中國的好嘛。」

他的話引起哄堂大笑，氣氛活躍而和諧，發問者對這一回答也無話可說。

在演講中遇到聽眾有不同意見，不可漠然視之，如果不予恰當的處理，後面的演講將難以順利進行。

有時演講者還會碰到惡意的攻擊或咒罵，如果演講者勃然大怒或與之對罵，將損害演講人的形象，使搗亂者的陰謀得逞。

英國首相威爾遜有一次在民眾大會上演講，遇到一些激烈的抗議，一名抗議者高聲罵道：「垃圾！」

威爾遜鎮定地說：「先生，關於你特別關心的問題，我們等一會兒就來討論吧！」

他巧妙地將抗議者的謾罵轉為現實生活中需要解決的一個問題，為自己解了圍，並使會場氣氛鬆弛下來，他的被動處境也就此擺脫了。

美國政界要人凱升首次在眾議院發表演說時，打扮得比較土氣。一個議員在他演講時插嘴說：「這位伊利諾州來的人，口袋裡一定裝滿了麥子呢！」眾人聽了哄堂大笑。

凱升不慌不忙地說：「真的，我不僅僅口袋裡裝滿了麥子，而且頭髮裡還藏著許多菜籽呢。我們住在西部的人，多數是土頭土腦的。」他的自嘲式的坦率贏得了大家的好感和敬意，接著，他大聲說：「不過我們藏的雖是麥子和菜籽，卻能長出很好的苗子來！」

眾人對這位不卑不亢的演說者鼓掌讚賞，他的演說成功了。

5・幽默使結尾餘音繞樑

在多種多樣的演講結束語中，幽默式可算其中極有情趣的一種。一個演講者能在結束時贏得笑聲，不僅是自己演講技巧十分

成熟的表現，更能給本人和聽眾雙方都留下愉快美好的回憶，也是演講圓滿結束的標誌。

著名作家老舍先生是好幽默的。他在某市的一次演講中，開頭即說：「我今天給大家談六個問題。」接著，他第一、第二、第三、第四、第五，井井有條地談下去。談完第五個問題，他發現離散會的時間不多了，於是他提高嗓門，一本正經地說：「第六，散會。」聽眾起初一愣，不久就歡快地鼓起掌來。

老舍在這裡運用的就是一種「平地起波瀾」的造勢藝術，打破了正常的演講方式，從而出乎聽眾的意料，收到了奇效。

有一年，全國寫作協會在深圳羅湖區舉行年會。開幕式上，省、市各級有關領導論資排輩，逐一發言祝賀。輪到羅湖區黨委書記發言時，開幕式已進行了很長時間。於是他這樣說：「首先，我代表羅湖區委和區政府，對各位專家學者表示熱烈的歡迎。」掌聲過後，稍事停頓，他又響亮地說：「最後，我預祝大會圓滿成功。完了。」他以迅雷不及掩耳之勢結束了演講。

聽眾開始也是一愣，隨後，即爆發出歡快的掌聲。因為，從「首先」一下子跳到「最後」，中間省去了其次、第三、第四這樣的講話，如天外來石，出人意料，達到了石破天驚的幽默效果，確實是風格獨具，別出心裁。

魯迅先生在結束在上海中華藝術大學的演講時說：

「以上是我近年來對於美術界觀察所得的幾點意見。今天我帶來一幅中國五千年文化的結晶，請大家欣賞欣賞。」

說著，他一手伸進長袍，把一卷紙慢慢從衣襟上方撿出，打開一看，原來是一幅病態醜陋的煙草廣告月曆圖片。頓時全場大笑。

魯迅先生借助恰到好處的道具表演，與結束語形成鮮明的對比，極具幽默。他不僅使演講在歡快的氣氛中結束，而且使聽眾能在笑聲中，進一步地品味他演講的深意。

在延安的一次演講會上，當演講快結束時，毛澤東掏出一盒香煙，用手指在裡面慢慢地摸，但摸了半天也不見掏出一支煙來，顯然是抽光了。有關人員十分著急，因為毛澤東煙癮很大，於是有人立即動身去取煙。毛澤東一邊講，一邊繼續摸著煙盒，好一會兒，他笑嘻嘻地掏出僅有的一支煙，夾在手指上舉起來，對著大家說：「最後一條！」

這個「最後一條」，既是指毛澤東的話是最後一個問題，又是指最後一支煙。一語雙關，妙趣橫生，全場大笑，聽眾們的一點疲勞和倦意，也在笑聲中一掃而光了。

美國詩人、文藝評論家詹姆斯・羅威爾一八八三年擔任駐英大使時，在倫敦舉行的一次晚宴上發表了一篇名為《餐後演講》的即席演說。最後他說：「我在很小的時候聽人講過一個故

事，講的是美國一個衛理公會的牧師。他在一個野營的佈道會上佈道，講了約書亞的故事。他是這樣開頭的：『信徒們，太陽的運行方式有三種，第一種是向前或者說是徑直的運動；第二種是後退或者說是向後的運動；第三種即是在我們的經文中提到的——靜止不動。』（笑聲）先生們，不知你們是否明白這個故事的寓意，希望你們明白了。今晚的餐後演講者首先是走徑直的方向（起身離座，做示範）——即太陽向前的運動。然後他又返回，開始重複自己——即太陽向後的運動。最後，憑著良好的方向感，將自己帶到終點。這就是我們剛才說過的太陽靜止的運動。」

這種緊扣主題的傳神動作表演，惟妙惟肖，天衣無縫，怎能不贏得現場觀眾的熱烈掌聲和歡笑聲呢？

◎ 賣書

一位很有名的作家要來書店參觀。書店老闆受寵若驚，連忙把所有的書撤下，全部換上作家的書。

作家來到書店後，看到書架一排排自己的作品，心裡非常高興，問道：「貴店只售本人的書嗎？」

「當然不是。」老闆一時情急回答，「別的書都賣完了。」

⇨拍馬屁，情急之下却拍到馬腿上去了，你像是在奉承他，又像是在侮辱他。運用不好，可能會起到適得其反的效果。

◎ 舊西裝

「夫人，您還記得我嗎？三個月前您把一套舊西裝施捨給我，我在那套舊西裝裡找到了五百法郎。」流浪漢對貴婦人說。

「你是想把錢還給我嗎？」

「不，那倒不是……我是想知道，您府上還能不能再找到像那樣的一件舊西裝？」

⇨不勞而獲是一種可恥的行為，並且這樣的想法如同毒品一樣能慢慢削弱一個國家和一個民族的競爭力。每當看到年輕的乞丐在城市中乞討的時候，我們想必都會有一種心痛的感覺。

◎ 後生可畏

小男孩問：「是不是做父親的總比做兒子的知道得多？」

爸爸回答：「當然啦！」

小男孩問：「電燈是誰發明的？」

爸爸：「是愛迪生。」

小男孩又問：「那愛迪生的爸爸怎麼沒有發明電燈？」

⇨喜歡倚老賣老的人，特別容易栽跟斗。權威往往只是一個經不起考
　驗的空殼子，尤其在現今這個多元而開放的時代。

◎ 銅臭驚人

　　亨利、弗蘭克、馬丁三個人打賭，看誰能在又騷又臭的狐狸
洞裡待得最久。

　　馬丁進去不到一分鐘，便認輸了——捂著鼻子跑出洞來。

　　弗蘭克也強不了多少，他只比馬丁多待了一分鐘。

　　亨利進洞老半天了，還不見出來。

　　突然間，一隻狐狸躥了出來大叫道：

　　「這人真貪財，他的銅臭比我更臭，把我也熏出來了！」

⇨愛慕錢財可以說是人的一種本能吧，只不過愛錢如果愛到變成錢的
　奴隸就很悲哀了。

◎ 恍惚

　　一人穿錯靴子，一隻底兒厚，一隻底兒薄，走路一腳高，一
腳低，甚不合適。其人詫異曰：「今日我的腿，因何一長一短？
想是道路不平之故。」或告之曰：「足下想是穿錯了靴子。」忙
令人回家去取。家人去了良久，空手而回，謂主人曰：「不必換
了，家裡那兩隻也是一厚一薄。」

⇨有的時候，智慧是相互傳染的，愚蠢同樣如此。

◎ 好好先生

東漢時，有個人叫司馬徽，對人說起話來，總是頻頻點頭，老是說「好，好」。

有一次，他的朋友難過地告訴他，自己的兒子病死了。他點著頭說：「好，好。」朋友走後，他的妻子對著他罵起來：「人家悲痛地告訴你死了兒子，你卻說『好，好』，難道你瘋了？」這個人又笑著點點頭說：「你說得不錯，好，好。」

⇨習慣是第二個天性，不得不慎

◎ 不容重犯

一個人在領工資時發現少了一塊錢，便勃然大怒，跑去責問會計。會計說道：「上個月多給您一塊錢，您惱火了嗎？」他大聲答道：「偶然一次錯失我完全可以諒解，但我絕不能容忍第二次錯失！」

⇨不得不佩服有些人具有這樣的能力，再齷齪的事情他也能為之找到一個冠冕堂皇的理由。

◎ 重要的提示

新聞記者採訪一位億萬富翁。

「是什麼東西幫助您獲得成功的？」

「是深信錢並不起作用，重要的是工作。當我學會了用這一點提示我的部下時，我就發財了。」

⇨善於要求別人而解脫自己，是一些人的發家之道。

◎ 羅浮宮

兩個從美國德克薩斯州來到巴黎的遊客，在旅館裡閒聊。

「我簡直有點不好意思地對你說，我來到這裡已經三天了，可是到現在還沒看見羅浮宮呢！」

「我也是，」另一個人說，「或許這種糕點價格太貴了，在一般食品店裡是很不受歡迎的，根本見不著。」

⇨不懂裝懂的人希望「美化」自己，但往往把自己更加「醜化」了。

◎ 左手與右手

法官：「你為什麼要用左手打人？」

罪犯：「因為右手是用來握手講和的。」

⇨顧左右而言他是一種難得的機智，可千萬不要用錯了地方。

◎ 不必大驚小怪

某電影廠的攝製組正在拍攝一部反映古羅馬的歷史故事片。正在拍攝時，導演突然發現一個演員的手腕上還戴著錶，於是對著話筒大聲地罵了一句：

「混蛋！你快把手錶摘下來！」

「這有什麼大驚小怪的！」演員回答，「我這隻錶的錶盤上正好是羅馬字。」

⇨附庸風雅終究成不了真，即使加上了堂皇的標籤。

◎ 節省措施

有人問吝嗇鬼：「你在幹什麼呢？」

「我在學點字。」

「幹嘛要學點字呢？你的視力不行了嗎？」

「那倒不是，我不過是想晚上看書時能節省點電。」

⇨ 節約固然是好的，但到了苛刻的程度便可能成為另一種浪費。

◎ 別胡說

男導遊：「這座宮殿興建時間大約是在兩千年以前。」

女遊客：「別胡說！要知道現在才是一九八九年。」

⇨ 目光短淺的人所能看到的僅僅是現在，過去和未來對他們來說都是沒必要考慮的領域。

◎ 借牛

有個人寫了一封信，派人捎給一位富翁，信上說要借牛一用。富翁正在會客，他不識字，怕客人笑話他，便裝模作樣地把信看了看，對捎信的人說：「知道了，告訴你們主人，一會兒我自己就會過去了。」

⇨ 不懂裝懂，不會裝會，只會為一時的虛榮弄出笑話。與其這樣，還不如不恥下問，讓自己變得充實。

◎ 我就不信

有個窮人儲存了三、四罐子的米，就自以為很富有了，整天沾沾自喜。一天，他和同伴到市場上去，在路上聽見一個人對另一個說：「今年我家收穫的米不多，總共才三百多擔。」窮人對同伴說：「你聽他的話分明是在說謊，我就不相信他家能有這麼

多盛米的罐子。」

⇨很多人思考問題，往往以自己的想法來理解別人，井底之蛙看天也
只有井口大。

◎ 求你別寫

有個人書法極差，卻總是喜歡給別人寫字。一天，有人手裡搖著一把白紙扇走過來，這個人又想給人家寫字。扇子的主人一見，馬上跪在地上不肯起來。這個人說：「不過是在扇子上寫幾個字而已，何必行此大禮？」扇子的主人說：「我不是求你寫，是求你別寫！」

⇨人對自己要有一個正確的認識，並不是一件容易的事。人往往會自
視過高，對自己沒有一個公正客觀的評價，便老是作出令別人反感
的事來。

◎ 叼著不丟

甲買了一塊肉提著走，上廁所時，就把肉掛在廁所的門外。乙見甲進了廁所，就去偷他的那塊肉，剛剛把肉拿到手，甲就從廁所裡出來了。乙手裡拿著肉，走也不是，放下也不是，就把肉叼在嘴裡，還咕嚕著說：「你把肉掛在廁所外，怎麼能不丟啊？像我這樣把肉叼在嘴裡上廁所，肉就不會丟了。」

⇨有些人頭腦靈活但不用在正地方，總是挖空心思地想歪點子騙人，
聰明反被聰明誤。如果他們能把精力用在正確的地方，或許早就事
業有成了。

◎ 似我匾

古時有個監司，為了標榜操行高尚，寫了一個「似我」的匾額，懸掛在天下第二名泉惠泉旁邊。過了一段時間，他有意到惠泉巡視，卻不見了匾額。他特別生氣，當即責令附近寺中的和尚四處尋找，結果竟在一個廁所旁邊找到了，這塊匾額端端正正地被人掛在那裡，臭名昭著的監司羞怒得無地自容。

⇨有怎樣的行徑，自然會得到怎樣的評價。有些品行不端的人，總是願意到處標榜自己的「高尚情操」，其實，醜惡的行為是用什麼都掩飾不住的。

◎ 白挨打

一個人被花錢雇用，答應代替別人到官府挨杖打。在臨近受刑之前，他把人家給他的錢，全數送給了執杖的衙役，求他行個方便，杖打的時候輕一點。挨完打後，他來到雇用他的人面前，磕頭作揖道謝說：「大恩人啊，多虧用了您給的錢求人行方便，不然，我早被打死了。」

⇨生活中總有如此頭腦糊塗的人，被人愚弄還在替別人數錢，最後留給他的只有身上的累累傷痕和傻子的罵名。

◎ 職業病

過去有一個巡按，非常喜歡下屬阿諛逢迎，他叫下屬回話的時候必須彎著一條腿。有一個小官很會趨炎附會，有次彎腿的時候下腳過重，傷了筋骨，於是他的腿就抽筋，成了殘疾。彎著的腿就像一張彎弓一樣。

沒料到接任的巡按很討厭人討好逢迎。這個成了殘疾的小官吏晉見上司時，腰不彎，腿卻自然而然地彎下來。巡按很生氣地責問他：「當官就應該清白審慎，不要討好逢迎，你怎麼卑下污濁呢？」小官回稟道：「大人，這是我的職業病啊。」

⇨阿諛逢迎、卑躬屈膝竟也成了一種職業病！這是某些人不得已而為之的生存技巧，或許可以得到很多好處，卻也會失去人之為人最根本的東西。並且，既然是幹討人歡心的差事，自是要看菜下飯，弄不好反讓對方倒了胃口。

◎ 事不關己

　　有個糊塗蟲欠了劉太公一大筆債。劉太公討了幾年都討不回來，十分惱火，派夥計把糊塗蟲抓來做人質。夥計把糊塗蟲裝進麻袋扛起就走，走累了，就到路邊的涼亭裡歇腳。

　　糊塗蟲連忙喊道：「快走吧，歇在這兒，被別家扛去，可不關我的事！」

⇨所謂蝨子多了不咬，債多了不愁。對於那些良心泯滅的慣犯而言，監獄是他們最嚮往的地方——免費公車運送，白吃白喝加白住，但代價＝失去自由＋失去尊嚴。

◎ 倒下

　　旅遊者在參觀戰艦。

　　導遊指著一門鏽蝕的大炮，對大家說：「當年，我們這位勇敢的艦長，就是在這裡倒下去的。」

　　「這有什麼好說的，」一位上了年紀的太太嘟囔著，「我也

常被什麼東西絆著，有時也會摔倒。」

⇨英雄區別於凡人的是他們死去時的壯烈，這豈是為生活所累的凡俗之人所能理解的。

◎ 六隻腳更快

　　有個差役綽號「飛毛腿」，被派去送一個緊急的文件。官員唯恐他跑慢了，專門撥給他一匹快馬。可他不願意騎馬，而是緊跟著快馬步行，累得氣喘吁吁。別人問他：「這麼要緊的大事，為什麼不騎上快馬呢？」他回答說：「六隻腳跑，難道不比四隻腳更快些嗎？」

⇨任何事物都是相對的，同時又是複雜的，受到多種因素制約，並不是腿越多跑得就越快。那種簡單的一一對應的關係，應用到現實生活中往往不可行。

◎ 打獵時間

　　丈夫兩手空空地打獵回來了。為了不被妻子責罵，他從商店裡買回一隻野兔。妻子將信將疑地問道：「那兔子腿上寫著『10·50』的標籤是怎麼回事？」

　　「呃……那個嗎……哦，那是我打到這隻兔子的時間。」

⇨當我們自以為巧妙地耍了小聰明，殊不知道，小聰明身後的大陷阱也緊隨而來，最終，我們還是深陷其中！

◎ 貓戴念珠

　　貓偶爾在脖子上戴上了一串念珠，被老鼠看見了。老鼠以為

貓吃齋念佛了，歡呼雀躍，到處宣揚說：「貓吃素了。」還領著牠的子孫們向貓致謝。貓見了老鼠，大叫一聲，一連捕殺了好幾隻小老鼠。大老鼠急忙逃命，回到窩裡，驚魂未定地說：「沒想到吃素的貓更厲害。」

⇨我們認識事物時，不僅要看現象，更要看本質。不要被表面形式迷惑，沾沾自喜，喪失了應有的判斷力。

◎ 多言無益

有人問墨子：「多說話有沒有益處？」

墨子回答他：「青蛙、蛤蟆整天日夜不停地叫，叫得口乾舌燥也沒人注意到牠的存在，可是公雞每天按時啼叫，一啼就知道是天亮了。可見話說多了並沒好處，只要說的是時候就行了。」

⇨有些人為了表現自己很有知識，動不動就說大話，自吹自擂，結果說破了嘴皮子也沒人理會，還會惹人厭；有些人平常不太開口，可是一說起話來頭頭是道，條理分明，讓人打心底裡佩服，這樣的人才是我們應該學習的對象。

◎ 為何而學

有個人一心一意想升官發財，可是從年輕熬到白髮，卻還是個小公務員。這個人為此極不快樂，每次想起來就掉淚，有一天竟然號啕大哭。

辦公室有個新來的年輕人，覺得很奇怪，便問他到底什麼原因難過。他說：「我怎麼不難過？年輕的時候，我的上司愛好文學，我便學做詩、學文章，想不到剛覺得有點小成績了，卻換了

一位愛好科學的上司。我趕緊又改學數學、研究物理，不料上司嫌我學歷太淺，不夠老成，還是不重用我。後來換了現在這位上司，我自認文武兼備，人也老成了，誰知上司喜歡青年才俊。我……我眼看年齡漸高，就要被迫退休了，到如今一事無成，怎麼不難過？」

⇨研究學問、學習技能，應該是為充實自己，千萬不能為了迎合別人的意旨，白白糟蹋了一生寶貴的光陰。

◎ 蠍子和青蛙

　　一天一隻蠍子站在河邊，牠想過河，但是牠不會游泳。這時牠看到一隻青蛙，牠就對青蛙說：「你能背我過河嗎？」青蛙說：「不行，這樣的話你會攻擊我的。」蠍子說：「不會的，如果我攻擊你，我也會掉到河裡淹死。」

　　於是，青蛙同意背蠍子過河。當牠們游到河的中間時，蠍子攻擊了青蛙。就在牠們都快要沉入河底時，青蛙問蠍子：「你為什麼要攻擊我？」蠍子回答：「這是我的本性。」

⇨記住，罪惡的想法和行為就是你的蠍子，小心蠍子傷害你自己。無論「蠍子」如何向你承諾，它的本性還是想把你拖下水。

◎ 演講稿的長與短

　　有人問美國第二十八任總統伍德羅・威爾遜，準備一份十分鐘的講稿得花多少時間。威爾遜答：「兩星期。」

　　「準備一份一小時的講稿呢？」

　　「一星期。」

「兩小時的講稿？」

「不用準備，馬上就可以講。」

⇨越是精粹的東西越是需要長時間的磨礪、提煉，可以在10分鐘內傳達的所有資訊，其價值遠高於兩個小時的拖逦言辭。

◎ 願望

青年問一老者：「您已年近古稀，年輕時候的願望，是不是都一一實現了？」

老者：「年輕的時候，父親責備我時總揪我的頭髮。當時我想，要是沒有頭髮就好了。今天，這個願望算是實現了。」

⇨年輕就是希望和激情，就是奮發和努力——什麼都不是問題——除了自尋煩惱，不務正業——莫等閒，白了少年頭，空悲切！

第4章

談判中的幽默

　　談判是我們每個人在生活和工作中不可缺少的活動。當我們爲了達到某種目的或獲得某種利益，而需要和有關方面達成一致意見時，就要和對方進行商談。

　　談判的技巧有多種，在此我不想面面俱到地談那麼多，只想和大家一起欣賞一下幽默語言在談判中的妙用。

1 ‧ 君子雄辯，幽默助陣

　　在大賣場飲食街經營咖啡屋的老蔡，有一個煩惱就是咖啡利潤很薄，可利潤高的蛋糕銷路卻一直沒有起色，因爲當服務生在客人點完咖啡後，都會問：「先生，要蛋糕嗎？」但大部分的客人都拒絕。後來，老闆要求服務生換一種問法，即「先生，要起司蛋糕還是巧克力蛋糕？」結果其銷售額大增。原因在於，第一種問法容易得到否定回答，而後一種是選擇式，大多數情況下，顧客都會選一種。

談判的語言技巧在行銷談判中運用得好，會在客人沒有防備之下，帶來營業額的高增長。

　　如果你想到某家公司擔任某一職務，希望薪水是2萬元，而老闆最多只能給你1.5萬元。老闆如果說「要不要隨便你」這句話，就有攻擊的意味，你可能扭頭就走。而老闆不那樣說，而是這樣跟你說：「給你的薪水是非常合理的。不管怎麼說，在這個等級裡，我只能付給你1萬元到1.5萬元，你想要多少？」很明顯，你一定會說「1.5萬元」，而老闆可能又會不同意地說：「剛開始，1.3萬元如何？」

　　你繼續堅持1.5萬元，其結果是老闆投降。表面上，你好像占了上風而沾沾自喜。實際上，老闆運用了選擇式提問技巧，他是在試探你，而你自己卻放棄了爭取2萬元薪水的機會。

　　當你作為顧客與店主進行談判時，你有沒有運用語言技巧呢？我們不妨先看一則笑話。

　　有一次，一位貴婦人打扮的女人牽著一條狗登上公共汽車，她問售票員：「我可以給狗買一張票，讓牠也和人一樣坐個座位嗎？」售票員說：「可以，不過牠也必須像人一樣，把雙腳放在地上。」

　　售票員沒有給出否定的答覆，而是提出一個附加條件：像人一樣，把雙腳放在地上。用這種方式限制對方，從而拒絕了對方

的無理要求。

　　學會談判並不是一件難事，只要你努力學習，掌握相關的談判技巧和策略，你一定能夠成為談判高手。

2・以幽默創造良好的談判氣氛

　　有一個「抽走瓦斯」理論，就是當談判雙方敵對的立場愈來愈尖銳、火藥味愈來愈濃，好比彌漫著瓦斯，隨時都有爆炸可能的時候，就必須設法抽走瓦斯。

　　有一次，美國總統杜魯門與墨西哥總統就美墨之間的國界問題進行談判時，由於彼此互不相讓，瓦斯彌漫，談判似乎隨時都會破裂。

　　看到這種情形，杜魯門不慌不忙，立刻請求暫時休會，然後大家開始喝咖啡聊天。他說了一則笑話，大家笑得人仰馬翻。墨西哥總統也隨之說了幾則墨西哥笑話，為此增添了諸多和諧的氣氛。

　　回到談判桌後，氣氛變得非常融洽，諸多難題迎刃而解，談判於是大功告成。

　　從這則歷史小故事中，我們學到了「抽走瓦斯理論」三原則中的兩個原則：以幽默抽走瓦斯，以休會或暫停抽走瓦斯。

　　「抽走瓦斯理論」的另外一個原則是：事先準備好調停人

員，以便危急時抽走瓦斯。

不要讓談判輕易地破裂。參與談判的人必須有維護談判的決心和勇氣，當然他們應該懂得如何抽走瓦斯。

既然幽默在談判中相當重要，但是幽默又不是人人都可能具備的個性，所以，除了遺傳、環境等因素之外，還要靠自己努力培養。

3·以幽默回敬對方的無禮攻擊

談判的雙方要相互尊重。不管雙方代表在個人身分、地位上有多大差異，他們所代表的組織在力量、級別等方面如何強弱懸殊、大小不均，一走到談判席上，就都是平等的。

但是，有的談判代表自恃地位高貴，或背後實力強大，在會談中傲慢無禮，對另一方挖苦攻擊，試圖在氣勢上壓住對方，迫其屈服；也有的代表自身涵養不好，談判不順利時惱羞成怒，對另一方侮辱謾罵。在此類情況下，如果要不辱使命，不失氣節，又不致激化矛盾，使談判破裂，被攻擊的一方可以使用幽默語言回敬無禮的一方，煞住其氣焰。

戰國時代，齊國大夫晏子出使楚國。楚王想在接見他之前先侮辱他一番，以此來挫一挫齊國的威風。楚王派人把城門緊緊關閉，然後在城門的邊上鑿了一個僅能容一人通過的小洞，讓晏子從這個小洞鑽進城內。換了別人，也許會大發脾氣或怒而返回，那樣就難以完成使命了。

晏子只是輕蔑地一笑，說：「只有出使狗國的人才從狗門進

去，現在我是出使堂堂的大國楚國，怎能從這樣的狗門進去呢？」楚王聽說後無言以對，只好命人大開城門把晏子迎了進去。

楚王接見晏子時，看他身材矮小，就挖苦地說：「難道齊國沒有人了嗎？」

晏子隨口應答：「齊國首都臨淄大街上的行人太多了，舉袖子就能把太陽遮住，流的汗像下雨一樣，人們比肩接踵，怎麼會沒有人呢？」

「既然有這麼多人，怎麼會派你這樣的矮子為使臣呢？」

「我們齊王派出使者是有標準的，最有本領的人，派他到最賢明的國君那裡去。我是齊國最沒出息的人，因此被派到楚國來了。」

晏子面對楚王對自己的人身侮辱，從容反擊，他順著楚王的話貶低自己，抬高自己的國家，同時有力地奚落了楚王，說得楚王張口結舌。

晏子以自己的機智和雄辯，打擊了對方的囂張氣焰，維護了自己的尊嚴，從而為後來的談判在平等互利的基礎上進行鋪平了道路。

✦ · 化干戈為玉帛的必需品

聰明人總愛裝糊塗，因為糊塗能夠體現智慧。有很多場合，常常會出現意外事件，如果不能妥善處理，就會發生難堪的事，從而破壞現場氣氛。這時不妨幽默一下，就坡打滾，或許就能挽

回看似無法挽回的尷尬局面。

在一家藥店裡，一位顧客氣憤地對經理說：「一星期前，我在這買的潤膚膏，我用了一點作用也沒起，我要求退款。」

「爲什麼？」

「你說，它可以與脫髮作鬥爭的，可是不管用。」

「您再試試看。我是說過，這種潤膚膏可用來與脫髮作鬥爭，但並未說，它最終一定能取得勝利呀！」

在商務談判中，不僅自己要保持語言的嚴謹性，而且也要仔細琢磨談判對手的語言，找準關鍵字眼，說不定也能隨時給對方以致命一擊。

在美國的一個猶太人聚集地，一位富翁請一位猶太畫家爲他畫肖像。猶太畫家精心地爲富翁畫好了肖像，但富翁卻拒絕支付議定的五千元報酬，理由是：「你畫的根本不是我。」

不久，畫家把這幅肖像公開展覽，題名爲《一個盜賊》。富翁知道後，萬分惱怒，打電話向畫家抗議。

「這事與你有什麼關係？」畫家平靜地說，「你不是說過了嗎？那幅畫畫的根本就不是你！」

富翁不得不買下這幅畫，改名爲《一位慈善家》。

當對方不願意履行承諾的時候，當你的勞動成果就要付諸東流的時候，你要冷靜地對待所遇到的事，找到對方的要害，用最

巧妙、最經濟的方式迫使對方就範。

5・以幽默取得討價還價的成功

在商業談判中，價格問題是最關鍵的一環。雙方常常在這個問題上爭執不休、相持不下，都想最大限度地爭取到有利於己方的價格。我們來看兩個以幽默的方式取得討價還價成功的例子。

世界上第一位女大使柯倫泰曾經被任命為蘇聯駐挪威全權貿易代表。一次，她和挪威商人談判購買挪威鮭魚。挪威商人出價高得驚人，她的出價也低得使人意外。雙方開始討價還價，在激烈的爭辯中，雙方都試圖削弱對方的信心，互不讓步，談判陷入僵局。最後柯倫泰笑笑說：

「好吧，我同意你們提出的價格。如果我的政府不批准這個價格，我願意用自己的工資來支付差額。但是，這自然要分期支付，可能要支付一輩子。」

挪威商人在這樣一個談判對手面前沒辦法了，只好同意將鮭魚的價格降到柯倫泰認可的水準。

柯倫泰用了虛晃一槍的戰術，她同意對方的要價是假的，只是為了讓對方明白！這樣的高價蘇聯政府根本不會批准，即使她個人讓步也是沒用的。

有一次，三名日本航空公司代表與美國某公司的經理進行

業務洽談。美國經理表現得精明能幹，兩個半小時中滔滔不絕，以各種資料材料論證他們的開價。同時，幾個日本商人則一言不發地呆坐在那裡。

最後，美方經理認為已經做了充分的論證，自信能夠爭取到有利於自己的價格，這才充滿希望地問日本人：

「好啦，我說完了，你們有什麼想法？」

「我們沒聽懂。」日本人很有禮貌地回答。

美方一聽，頓時傻眼了：「你們什麼意思？沒聽懂？哪個地方沒聽懂？」

「你講的全部。」日本人彬彬有禮地要求，「你能不能再給我們講一遍嗎？」

美方經理的信心與熱情被當頭潑了一瓢冷水，原來自己的長篇大論都白說了，而再次陳述兩個半小時顯然是不可能的。美方只好同意降低價格。

6・以幽默語言說服談判對手

在談判中，有時談判對手固執己見，堅持明顯不正確不合理的要求，這時我們可以打破常規思維，從一個人們意想不到的角度提出一個荒唐的意見，使對方在發笑的同時，明白自己見解的不妥，這時我們再趁熱打鐵，就能取得談判的勝利。

一九四六年5月，遠東國際軍事法庭審判以東條英機為首的

28名日本甲級戰犯，因爲排定座次問題，10個參與國的法官們展開了一場激烈的爭論。中國法官理應排在庭長左手的第二把交椅。可是由於中國國力不強，而被各強權國所否定。

在這種情況下，中國出庭的法官梅汝璈面對各國列強據理力爭。他首先從正面闡明，排座次應按日本投降時各受降國的簽字順序排列，這是唯一正確的原則立場。正面講完道理，還不能說服列強，他接下來運用幽默戰術。

只見他微微一笑說：「當然，如果各位同仁不贊成這一辦法，我們不妨找個體重測量器來，然後以體重大小排座次，體重者居中，體輕者居旁。」

各國法官都忍不住地笑起來。庭長說：「你的建議很好，但它只適用於拳擊比賽。」

梅法官接著說：「若不以受降國簽字順序排座，那還是按體重排好。這樣縱使我被置末位也心安理得，並可以對我的國家有所交代，一旦他們認爲我坐在邊上不合適，可以派一個比我肥胖的來換我呀！」

這話令全場大笑起來。

梅法官的幽默有很強的諷刺性。在這個舉世矚目的國際法庭上竟要按體重來排座次，眞是荒唐之極。這個荒唐的提議雖然引人發笑，但是能夠有力地說明各國列強在以強凌弱，蠻不講理。這種幽默的方法比正面講理更有說服力。

◎ 富翁投宿

約翰·洛克菲勒雖是世界有名的大富翁，可是他在日常開支方面很節省。一天，他到紐約一家旅館去投宿，要求住一間最便宜的房間。

旅館的經理說：「先生，你為什麼要住便宜的小房間呢？你兒子來住宿時，總是挑最豪華的房間呀。」

「話雖這麼說，可是，」洛克菲勒說：「我兒子有個有錢的爸爸，而我可沒有呀！」

⇨只有自己經歷過創業之苦後，才能懂得節省的道理，才懂得創造的艱辛和財富的來之不易。

◎ 廣告

法國一家瓷器製造廠針對有些夫妻為瑣事爭吵而砸碗摔碟的做法，別出心裁地在推銷產品的廣告上宣稱：「為了您家庭的和睦，使勁摔吧！切莫因小失大。」

法國香水製造公司推銷某一新產品的廣告詞是：「我們的新產品極易吸引異性！因此，隨瓶奉送自我防衛術教材一份。」

⇨準確的定位和煽動性的廣告語是產品暢銷的保證。

◎ 借鑒

酒館經理正因生意不好而一籌莫展。一天，他偶然到一家書店買書，見書店牆上貼著：「為好書找讀者，為讀者找好書。」

他眼睛一亮，立即奔回家，叫人寫了一條大橫幅，貼在酒館正面牆壁上。第二天，店門口圍了不少人指指劃劃，原來橫幅寫

的是：「為好酒找酒鬼，為酒鬼找好酒。」

⇨人說，一個好點子可以救活一個企業，一個好名字可以興旺一個地方。記得北京有個茶館叫「朋來先敬」，印象很是深刻。學會從知識中借鑒，也是生財之道。

◎ 餵豬罰款

某縣一農民，天天餵豬吃泔水（洗米的水），結果被動物保護協會罰了一萬元——因為虐待動物。後來，農夫改餵豬吃蛋炒飯配酸辣湯，結果又被動物保護協會罰了一萬元——因為浪費農民的食物。

有一天，領導又來視察，問農民餵什麼給豬吃。農民說：「我也不知道該餵什麼才好了，現在我每天給牠二十塊錢，讓牠自己出去吃了。」

⇨過多的約束總是適得其反，有時候，我們必須學會「度」的掌握。

◎ 花的作用

一個小夥子送一束鮮花給他的女友，女友見了一時高興，抱著他就吻，他連忙掙脫就向外跑。

「什麼事？」女友不解地問。

「我要再去買一些花來。」他說。

⇨如果小的成本能得到更多的回報，這樣的事情就會被一再執行。

◎ 反正賠不起

克雷洛夫生活很貧寒。一次，他的房東與他簽訂租契。房東

在租契上寫明，假如克雷洛夫不慎引起火災、燒了房子，就必須賠償一萬五千盧布。克雷洛夫看後，沒提出異議，而提筆在一萬五千後又加上兩個「0」。房東一看，驚喜地喊道：「怎麼，150萬盧布！」克雷洛夫不動聲色地說：「反正我也賠不起。」

▷正如經濟學中的邊際效應理論：超過一定的限度，更多的投入只能得到更少的產出。這個理論同樣適用其他方面。

◎ 別出心裁的廣告

英國著名小說家毛姆成名之前，生活非常貧困。雖然寫了一部很有價值的書，但出版後乏人問津。為了引起人們的注意，毛姆別出心裁地在各大報刊上登了如下的徵婚啟事：本人喜歡音樂和運動，是個年輕又有教養的百萬富翁。希望能和毛姆小說中的主角完全一樣的女性結婚。

幾天之後，全倫敦的書店，都再也買不到毛姆的書了。

▷為一個東西做宣傳未必一定要以這個東西為主角，有時候需要「明修棧道，暗度陳倉」。

◎ 貴蛋

「這可真是胡亂要價！一個雞蛋竟要5美元。」

「先生，可您不知道，我那隻母雞下這個蛋，整整用了一天的時間啊！」

▷很多時候很多東西不是以時間來計算成本的，所以說提高效率才是根本。

◎ 心理作戰

　　鬧市中一家婦女用品商店門口，堆了一大堆散亂的貨品，女顧客翻來翻去，如獲至寶地找出她們需要的商品。

　　有人問老闆，何不把商品堆疊整齊。老闆回答：「你以為我瘋了？如果我把店面用品都弄整齊，那些女顧客就不會對這些用品發生興趣了。」

⇨人對未知領域的關注度比已知領域要高得多，提供讓人主動探求的環境比安排供人享受的便利更能獲得商機。

◎ 狗的暗示

　　皮貨商瓊來到公爵的宅邸。他看見有隻大黃毛狗躺在門口一動不動，於是站住想了一想，然後轉身就走。

　　「喂，先生，」門房看見他之後，馬上喊道，「我們的狗是從不咬人的，您為什麼要走呢？」

　　「我想，」瓊轉過身來，慢吞吞地說，「狗既然不向我叫，這說明牠早已對我這樣的商人打扮習以為常了。這就意味著其他的商人常來這裡……既然這樣，我還有什麼生意可做呢？」

⇨環境透露的無形資訊往往先一步決定人的意識、看法和行為，哪怕是一個小小的細節，善於觀察的人更容易做出正確的決定。

◎ 珠寶商

　　費尼克斯的一位珠寶商採取了這樣一項政策，即每位購買物品的新顧客被要求留下姓名和地址，珠寶商將親自以個人名義給這些顧客寫一封致謝信。一天，這樣的一封致謝信引來了如下的

一封回信：「我感謝你的答謝。不幸的是，我的妻子打開了你的信。那條金項鍊是我為我的女祕書而買的。請問，你那裡能買到破鏡重圓的東西嗎？」

⇨並非所有細緻入微的關懷都可以取得預期的效果，用沉默給別人留出隱私的空間往往比刻意的高聲宣揚更容易被接受。

◎ 一枚硬幣

　　李嘉誠非常有錢，有一次他去酒店，車一停，門童趕快跑上來開了門，李嘉誠一轉身給了他50元港幣小費。掏錢的時候突然掉了一個一塊錢的硬幣，那個硬幣咕嚕咕嚕滾到了很遠的地方，李嘉誠不顧眾目睽睽，一路小跑過去，把那枚硬幣撿起來，裝進了口袋裡。在場的人覺得非常奇怪，這個億萬富翁竟然連一個小硬幣也不放過。

⇨李嘉誠並不缺那一枚小硬幣，只不過他養成了節儉的習慣而已。一個成功的人其實沒有非常過人之處，但往往有非常好的習慣。

◎ 衝動的老闆

　　一位老闆去他的工廠查看情況。他走到門前時發現有個人靠著牆優閒地喝著酒，他非常生氣，便問年輕人：「你一天能賺多少錢？」

　　年輕人回答：「一百美元。」

　　老闆扔給他一百美元說：「你走吧！永遠別再回來。」

　　一會兒，工頭走過來問老闆：「剛才那個送貨的去哪了？」

⇨在做一個決定前最好先壓三秒鐘。所謂衝動是魔鬼，人往往易受表像的影響。商海沉浮變幻，聰明人往往更加沉靜穩重。

◎ 多餘的教誨

　　某酒店經理質問服務員：「我平時就告訴你們結帳時要長個心眼，剛才那個胖子說要五瓶啤酒，而你卻給了他六瓶。」

　　「但是，我收了他七瓶的錢。」

⇨當你知道迷惑時，並不可憐，當你不知道迷惑時，才是最可憐的。不要總想佔便宜，因為結果往往適得其反。

◎ 最昂貴的東西

　　幾個人在一起喝酒，大家都有些喝多了，就開始吹牛。

　　搞建築的陳老闆解開肚子的皮帶說：「你們看我這皮帶圈，用的是造飛機的特殊鈦金，八千多塊錢啊。」

　　搞外貿的轟老闆抬起腳，指著皮鞋說：「這雙鞋是我在義大利買的，你們猜多少錢？五千美元！折合人民幣四萬多！」

　　搞印刷的馬老闆不屑地撇了撇嘴，摘下眼鏡比了一比，又戴了上去，說：「玳瑁，知道嗎？我這眼鏡是用馬達加斯加深海的一隻號稱「海中之王」的巨大玳瑁製成的，七萬三千多。」

　　這時，角落裡一個聲音粗粗地響起：「這有什麼了不起！」大家一看，原來是某國有大公司的江老闆，只見他呼著酒氣，揮著手說：「我身上的內褲10萬元啊，10萬元！你們誰比得起？」

　　他是國有企業大老闆，財大氣粗，大家不由得面面相覷，但也有人表示不信，就說：「金子打的也不要10萬吧！」

只見江老闆「吧」了一聲，說：「上個月，我跟一個小姐開房，沒想到內褲被她藏了起來，向我要錢，揚言我不給錢，就把內褲寄給我老婆，最後，我給了她10萬元。」

⇨創業靠勤，守業靠儉，如此奢靡腐化、崇尚攀比，即使有萬貫家財也終將千金散盡。況且作為一個精明的生意人，無論大小資金都要有正確合理的投資方向，若憑意氣、交情用事，盲目投資，非但可能無利可圖，甚至會像為嫖客買單一樣遺人笑柄！

◎ 減肥

　　書店裡，一位肥胖婦人問一個新來的店員：「年輕人，有賣怎樣減肥瘦身的書嗎？」

　　店員掃視書架，取下《怎樣增加您的體重》一書遞了過去。

　　「哎呀，你這不是惡作劇吧！」婦人火了。

　　「不，不，」這位店員認真解釋，「您把書本上說的方法反過來去做，就會瘦下去了！」

⇨逆向思維往往是大多數人所缺乏的東西，然而逆向思維卻又常常產生意想不到的效果。事物總有它的兩面性，就看你怎樣對待它。市場不要求你一定按常規出牌，在遵紀守法的大前提下，只有賣出貨物，賺取利潤才是硬道理。

◎ 賺錢有術

　　一位最近發達起來的人，遇到了一位老朋友。朋友問他：「你現在這麼發達，到底是從哪兒搞到錢的？」

　　他回答說：「簡單之極，我和一個有錢人結成了合作夥

伴——他有錢，我有賺錢的經驗。」

「那麼後來呢？」

「後來自然是我有了錢，他有了經驗。」

⇨智慧即是無形資產，無形的好點子可以化為有形的利潤。同時，想在商海中暢遊，僅有金錢或能力都僅能算一對成功的翅膀，互利互惠、互通有無，具有合作精神才是雙翼飛翔，不僅能幫助自己增加財富，而且能拓展更大的空間。

◎ 同行之誼

郊外一幢漂亮的房子裡，住著一位漂亮的小姐。

這一天，來了一個乞丐，乞丐衣衫襤褸，一頭白髮，一副可憐相。小姐動了惻隱之心，給了他10塊錢。

小姐問乞丐：「你每天除了乞討，還幹點別的什麼嗎？」

乞丐說：「化妝。」

「化妝？」小姐很奇怪，「討錢也要化妝嗎？」

「是的，我把自己裝扮得更衰老一些，這樣人們就更同情我，給我更多錢。小姐，你除了上班還幹點什麼？」

小姐說：「化妝。」

「小姐在哪兒上班？」

「在歌舞廳啊！每天晚上我得把自己打扮得更漂亮更年輕一些，這樣客人才會喜歡我，給我更多的小費。」

乞丐一聽立刻把10塊錢還給她。

小姐奇怪了：「怎麼？不要了嗎？」

「是啊！幹我們這一行有個規矩：不能向同行行騙。」

⇨沒有規矩，不成方圓。即使是行乞也要遵規守諾講誠信，這是做人做事的根本。唯有如此，才能立穩腳跟並取得長足發展。

◎ 說謊的員工

老闆十分憤怒地對新來的一個職員吼道：「你不但遲到，還編造理由。你知道，老闆們是怎樣對待說謊的職員的嗎？」

職員不慌不忙地說：「知道——是不是，會立即派他去當產品推銷員？」

⇨人盡其才，物盡其用。老闆獨具慧眼、了解員工的長處並讓其在適宜的崗位上大施拳腳，為其創造良好的發展空間，使其工作並快樂著，其實是為自己鋪平了獲利之路。

◎ 公主懷孕了

有一位文學系的教授以刁難學生出名。有一天，他又交代給學生們一個非常令人鬱悶的題目：寫一篇短篇小說，內容要包含貴族和愛情。

第二天，就有一位學生交了作業。教授看到作業以後頓時暈倒，作文只有一句話：「公主懷孕了。」

對這投機的態度，教授自然非常生氣，他叫來這位學生，要他加入科幻元素。

學生當時拿出筆，很高興地在前面加了幾個字：「水瓶座的公主懷孕了。」

教授氣急敗壞，要求該學生加入懸疑元素。

學生很高興地又在後面加了一句話：「水瓶座的公主懷孕

了，不知道是誰幹的？」

教授發了狂一樣地暴走數秒，最後他使出殺手鐧，要求學生加入宗教元素。學生拿著本子很為難地走開，教授得意揚揚地看著自己的勝利，笑了。

第二天，學生很高興地交給教授他的完成稿。教授看完以後暈了過去。文章是這樣的：「水瓶座的公主懷孕了，Oh my god! 到底是誰幹的？」

➪創新意識是成功的前提和關鍵，有了創新的意識，才能抓住創新機會，啟動創新思維，產生創新方法，才獲得創新成果。

第5章

愛情婚姻中的幽默

日本的喜劇大師秋田實認爲，幽默是愛情的催化劑。美好的愛情往往是可遇不可求的，我們要善於運用幽默抓住身邊的每個機會，在一見鍾情的時候，用幽默的語言表達出我們內心熱烈的愛戀之感。

1·用幽默打開對方的心扉

如果有一天，你「夢裡尋她千百度」的夢中情人，突然出現在「燈火闌珊處」，你該怎麼辦？

當你走在一條幽靜的小路上，或在同學的聚會中，突然看見一位似曾相識的女孩子，她亭亭玉立，光芒四射，氣質非凡，正是你一直尋尋覓覓的「她」！這個時候，你該怎麼辦？是勇往直前還是自卑地退縮？其實，幾乎所有的女孩都以被眾多的男士追求而驕傲不已！所以，以一顆熱情的心，幽默的語言，勇敢地去追求你中意的姑娘，把握住屬於你們的緣分！

電影《阿飛正傳》中就有一段很有創意的幽默情話：

在一個慵懶的下午，阿飛對著蘇立珍說：「看著我的錶，就一分鐘。16日，4月16日。一九六○年4月16日下午3點之前的一分鐘你和我在一起，因為你我會記住這一分鐘。從現在開始我們就是一分鐘的朋友，這是事實，你改變不了，因為已經過去了。我明天會再來。」

這段浪漫又幽默的情話，相信沒有幾個人可以抵擋得住，反正蘇立珍沒有，下面是她的內心獨白：

我不知道他有沒有因為我而記住那一分鐘，但我一直都記著這個人。之後他真的每天都來，我們就從一分鐘的朋友變成兩分鐘的朋友，沒多久，我們每天至少見一個小時。

這些雖然是電影裡虛構的情節，但是，現實生活中也有這樣的故事。有一個男孩就是用這種新穎的讚美方式，射中了自己的白雪公主，並娶其為妻。妻子幸福地訴說著他們浪漫的愛情：

「當我在一所大學裡做兼職銀行出納員時，一個帥氣的小夥子幾乎每天都要到我的窗口來。他不是存款就是取錢。直到有一天他把一張紙條連同銀行存摺一起交給我時，我才明白他是為了我才這麼做的。

「『親愛的婕，我一直儲蓄著這個想法，期望能得到利息。如果週五有空，你能把自己存在電影院裡我旁邊的那個座位上嗎？我把你可能已另有約會的猜測記在帳本上了。如果真是這

樣，我將取出我的要求，把它安排在星期六。不論現今利率如何，做你的陪伴始終是十分愉快的。我想你不會認爲這要求太過分吧？以後來同你核對。眞誠的傑。』」

「我無法抵制這誘人、新穎的求愛方式。」

如果愛情中缺少幽默，那麼愛情還有什麼意義呢？有人說，愛就從幽默開始。求愛時都免不了要通過情書表情達意，情書是一種極爲強烈的「印象裝飾」。下面是一封幽默情書：

佛蘭克林一七七四年喪偶，一七八〇年在巴黎居住時，向他的鄰居——一位迷人而富有教養的富孀艾爾維斯太太求婚。

佛蘭克林在情書中說，他見到了自己過世的太太和艾爾維斯太太的亡夫在另一個世界結成連理了。接下來，他繼續寫道：「我們來替自己報仇雪恨吧。」

這封情書被譽爲文學的傑作、幽默的精品。求愛時，寫情書好比投石問路，試探對方對自己究竟有沒有意思，如果過於莊重嚴肅，一旦遭到拒絕，勢必難以承受。但是，如果恰當地運用幽默的技巧，以豁達的氣度對待戀愛問題，即使得不到愛，也不至於煩惱懊悔，同時也避免了自尊心受到創傷。

眞愛是可遇而不可求的，所以要掌握一定的技巧。首先要有一顆眞誠的心，更需要機智的表達。求愛的確要下一番工夫，不能只是一味地死磨硬泡，使人厭煩。製造好感是求愛的基本條件，運用幽默新奇的幽默方式向對方求愛則可以收到良好的效果。

2‧大眾情人眼中的幽默

幽默口才可以給我們帶來我們所需要的精神生活。有了幽默口才，就可以自由地感受自我與環境，發揮並表現出自我的才能與力量。即使面對事業的失敗和人生的苦惱，幽默口才也能開拓我們的心胸，讓我們在痛苦中獲得歡樂。

幽默口才最大的妙處就在於可以將不協調的事物調節到和諧的狀態。男女之間總是存在著許多令人神往的神祕東西，這種東西對雙方都是一種誘惑，也是男女之間相互吸引的重要因素。

在戀愛過程中，偷換概念的幽默口才，總是帶來真心的歡笑以及雙方情感的更上一層樓。

一對戀人進入了熱戀階段，他們在公園裡約會，女朋友問：「我問你，別瞞著我，你在和我戀愛之前，有誰摸過你的頭，揉過你的髮，捏過你的頰？」男朋友說：「啊，這太多了，昨天，就有一個……」女朋友愕然，忙問：「誰？」 男朋友說：「我的理髮師啊！」

這位男孩子把「還有什麼女孩親熱你」的概念轉移到「理髮師」身上，一語出口，誰不會為之一笑呢？男性在求愛過程中總是想方設法地用甜言蜜語對女性發起攻勢，多數女性對這種進攻都束手無策，這時如果使用幽默口才作為自己的武器就能達到促使對方的偽裝落敗的效果，但同時又不失自身的可愛與機智。

男：「請你相信我。」女：「怎麼相信呢？」男：「親愛的，我那純潔的愛情只獻給你一個人。」女：「那麼，那些不純潔的給誰呢？」

「三心二意」是許多男士的通病，當你的男友正被身邊的其他女孩吸引時，不要蠻橫地加以指責，這樣做達不到你想要的目的，而且還會降低你在他心目中的位置。用幽默調侃的語言給他溫柔的一擊，這會使你在達到目的的同時更具魅力。

一對戀人參加聚會，女孩子發現男朋友用羨慕的眼光，不停地偷看身邊坐著的那位豔麗的女郎，便在他身邊悄悄說道：「你去和她說句話吧，不然別人會以為她才是你的未婚妻了！」

看，這位女孩子多麼聰明，一下就把男朋友從失態中喚回來了。這種鈍化了的攻擊，任何男人都會接受。

「小心眼兒」是很多女士的共性，當女士醋意上升的時候，男士的幽默感就顯得尤為重要了。

一對戀人正在海灘上躺著，女孩看到一個穿著最新款三點式泳裝的女郎站在海灘上搔首弄姿。

「喂，你看！」她向男朋友叫道，「她和你崇拜的志玲一模一樣。」 但男朋友並不理會，閉著眼睛躺在那兒。「怎麼？難道你真的一點都不感興趣嗎？」女孩詫異地問道。

「當然，」男朋友說，「如果她真和志玲一樣，你是絕對

不會讓我看的。」

　　這位男朋友面對女朋友的諷刺非常冷靜，用帶有幽默感的攻擊回敬了她，既批評了女朋友的小氣心理，又表達了他知道她很愛他的情感。

　　如果你懂得在你和你的戀人之間使用幽默口才，那麼就會發現這會為你的戀愛生活平添許多快樂。戀人間的幽默是一種永遠迷人的誘惑，是一種無人能抵擋的誘惑。

3‧幽默是戀愛和婚姻的推力

　　許多姑娘公開宣稱：「我要尋覓的郎君應該具有幽默感。」會說笑話、具有幽默感的小夥子往往更受姑娘們的青睞。曾經有一位相貌平平，身高不過一米六五的小夥子，竟追上了校花。而且更不可思議的是，離開學校後，他們倆還真的走入了婚姻的殿堂。結婚那天，同學們叫當年的校花披露小夥子的絕招，校花微微一笑道：「他是個最棒的幽默高手啊！」頓時一片籲聲，大家都沒想到幽默竟有如此魅力。

　　一位數學家同女友在公園散步，女友問他：「我滿臉雀斑，你真的不介意？」數學家溫柔地回答：「絕對不！我生來就愛小數點。」頓時，姑娘在又嗔又怪之餘，心中泛起陣陣的愛。

　　幽默，這個具有神奇推動力的東西，它像助推火箭，推動愛

情之星遨遊直上；它又像大的發動機，推動愛情之舟一路向前。

　　同樣的道理，夫妻雙方如果知道時時用幽默去澆灌婚姻生活，那麼「婚姻是愛情的墳墓」那句咒語早就見鬼去了，而應該以「婚姻是愛情嶄新的起點」代之。

　　一次，鄰居老張的妻子對丈夫說：「你看人家老李，因為當年失戀，後來發奮圖強，如今多輝煌呀！」如果是一個不懂情理，缺乏幽默感的丈夫，他或許會接著說：「你跟老李去呀！」或「老李算老幾！」之類的話來。可富於幽默感的老張說：「當年如果你也討厭我，我也可能早就出人頭地了，老婆！」老張的妻子輕輕地擂了老張一拳頭：這實際上近似於愛的拍打！

　　幽默是婚姻生活的潤滑劑，它能消融夫妻間的疙疙瘩瘩；幽默是婚姻生活的助燃器，它能使愛情之火燃得更旺。

4 · 夫妻間的幽默

　　常聽人說，婚姻是愛情的墳墓。婚姻之所以成為愛情的墳墓，源於它的現實性與公式化。愛情是虛無縹緲的東西，它神祕，它不可捉摸，因而耐人尋味，給人以充分的想像空間。一旦愛情發展到一定程度，結婚便成了順理成章之事。婚姻不像愛情，明修棧道不成，可以暗度陳倉。它必須得公開，按部就班，一五一十地進行。先發請帖，再辦酒席，然後收紅包，最後送客。宴席上有人擺道，你也得陪笑臉，沉著應戰。你們兩人的關

係在眾目睽睽之下，便再無神祕感可言了，進入婚姻生活尤其如此。當一切都顯得公式化與正常化之後，家庭幽默的重要性便日益凸顯出來了。

　　家庭幽默是你家庭生活的潤滑油，是你婚姻幸福的催化劑。家庭幽默源於純潔健康的心態，源於夫妻雙方的相互了解與積極配合。當夫妻雙方談了一大串與「責任」有關的嚴肅問題之後，不妨由任何一方轉移話題，轉到一個雙方共同感興趣的話題上來。比如旅遊，比如文藝活動，比如影劇或哪本新書等，這些看似與實際生活無關的話題，實在是調解夫妻生活的最好補藥。關鍵是當夫妻一方提出某個愉快而輕鬆的話題時，另一方應積極配合，並表現出很大的熱情與關切，絕不可坐視不理，一問三不知或仍沉浸在先前的嚴肅問題中沒有解脫出來，而要求對方再說一遍，這時製造幽默話題的一方便毫無樂趣可言了。

　　西方有一位哲人曾說：「解釋是幽默的致命傷。」家庭幽默是一種天分，說幽默的夫妻一方靈光一閃，秀口一開，聽幽默的一方也要敏捷，才能接個正著。如果說者語妙天下，聽者一臉茫然，竟要求說者加以解釋或者再說一遍，豈非天下最掃興之事？這就要求夫妻雙方的程度相同或相近，絕不能相差的太遠，否則便毫無家庭樂趣可言了。

　　進入婚姻生活的男女不再希冀對方能給自己帶來多大的驚喜或浪漫感覺，但仍需要對方讓自己愉快，讓自己放鬆，特別是在忙碌了一整天的工作或家務活之後。

　　散文家張小嫻說：「兩個人的結合，就像兩首曲子交匯成一首，由於原先的曲調、節奏各不相同，所以需要兩者的協調與合

作，才能匯成一曲比原先任何一曲都好聽的音樂，如果配合不當或失誤，這首曲子一定比原先任何一曲都更糟糕。」

要使家庭生活永遠朝著健康、高品質的方向發展，家庭幽默是必不可少的。家庭幽默是你家庭生活的潤滑油，家庭幽默是你婚姻幸福的催化劑，家庭幽默是防止家庭暴力與婚外戀的最強有力的武器。

大千世界，男女的結合是一段美麗的緣。正如黃安所唱：「多少男男女女相聚分離，遇見你是千萬分之一，哪怕時空拉開我們的距離，我只想和你在一起。」願我們都能珍惜這段緣，呵護這段情。用我們的熱情，用我們的智慧，用我們的幽默！願有情人終成眷屬！願終成眷屬的有情人都能擁有一個和睦美好、充滿樂趣的家庭！

5 · 幽默是夫妻關係的潤滑劑

在夫妻生活中，妻子對待丈夫的態度和方式會直接影響丈夫的生活態度、工作狀態以及自信心。

怪不得很多企業家說：「如果我們想提升一個重要幹部時，會先調查他的妻子。」這並非是調查他的太太是否長得漂亮或者很會做菜，而是調查他的太太是否能讓他充滿自信。

一些企業的老闆說：「做妻子的要接受丈夫的一切。要讓丈夫生活愉快，擁有滿足感。當丈夫回到家裡時，要替他裝上自信的彈丸。這樣丈夫就會想：『她這樣支持我，可見我在她心中有一定的地位，並非一文不值。』做妻子的若能愛丈夫，信任他，

他就會擁有『我一定能做好一切』的自信。所以當他第二天出門時，就會充滿自信地接受挑戰。」

　　一個可以寬容自己丈夫的女人，也一定會對丈夫倍加關愛。反之，如果妻子成天只會抱怨和嘮叨，她的丈夫是不會有鬥志面對自己的工作和事業的，從而沒有了自信心。隨著丈夫自信與自尊的漸漸消逝，他對妻子的態度只會趨於冷淡，夫妻之間便會發生情感危機，這時幽默口才就是最好的解藥。

　　負責人事的經理對他的新雇員說：「這份表格你填得不錯，就是有一點，你在填寫「與太太的關係」一欄裡，應該填『夫妻』而不該填『十分緊張』。」

　　消除家庭緊張關係的方法很多，除了理解與包容之外，幽默則是一種最佳的選擇。

　　某男某女結婚多年，從未發生過衝突。
　　有一天，妻子問丈夫：「你為什麼總對我這麼好？」丈夫答道：「和你結婚之前，我請教過一位牧師，問為什麼他對妻子那樣好，他說：『不要批評你妻子的缺點或怪她做錯事。要知道，就是因為她有缺點，有時會做錯事，才沒有找到更理想的男人。』我牢記了這句話。」

　　他引用的話，推理出的意思是說，要想做妻子的理想丈夫，就不能隨意批評妻子，這樣才能恩愛有加，才能證明自己是一個

理想的丈夫。

一個酒徒在外面與朋友家喝多了酒，很晚才回到家，他又忘記了帶鑰匙，於是只好敲門。

妻子怒氣沖沖地打開門：「對不起，我丈夫不在家。」

「那好，麻煩你告訴他，我明天再來。」酒徒說完，裝出轉身要走的樣子。

丈夫的幽默，終於使妻子化怒為笑，丈夫通過幽默，誘發妻子內心深處對丈夫的憐愛和尊重。這時夫妻兩人都不會抓住喝酒的事不放，而是去享受兩人之間幽默的情感。用幽默調侃的語言，婉轉、迂迴地回答妻子提出的問題也是丈夫化解尷尬事件的祕訣。

妻子：「我和你結婚，你猜有幾個男人在失望呢？」 丈夫：「大概只有我一個人吧？」

直率地回答妻子提出的問題對一些丈夫來說是比較為難的一件事，答不好就會造成雙方的不快，這時最好的辦法還是使用幽默的話來作答。

幽默口才的產生是有其適宜環境和必要條件的，而且還需要夫妻雙方有一定的肚量，這樣對幽默才會得到回應。

兩口子吵架，妻子鬧著要同丈夫離婚。

在去法院的路上，他們要經過一條不大的河。

到了河邊，丈夫很快脫掉鞋子走入水中。妻子站在岸邊，瞧著冰冷的河水，正愁著怎麼過去。丈夫回過頭溫和地說：「我背你過去吧。」丈夫背著妻子過了河。他們沒走多遠，妻子說：「算了，咱們回去吧！」丈夫詫異地問：「為什麼？」妻子不好意思地低著頭說：「離婚之後，誰背我過河呢？」

在一般的家庭中，妻子總是承擔大部分的家務勞動，好像這些都是妻子分內應該做的。但丈夫也是家庭中的一部分，也是應該分擔家務的。由於傳統觀念的影響，一些丈夫在家中是什麼都不幹的，這時聰明的妻子會用智慧和幽默使丈夫毫無怨言地加入到家務勞動中來。

妻子：「親愛的，你能不能把這幾天換下來的衣服，幫我拿去洗一下嗎？」

丈夫：「不，我還想睡一會兒呢！」

妻子：「我只不過是想考驗你一下，其實都已洗好了。」

丈夫：「我也只是和你開玩笑，其實我很願意幫你洗。」

妻子笑了笑，說：「我也是和你開玩笑，既然你願意，那就請你快去洗吧！」

丈夫此時不得不佩服和欣賞妻子的幽默和情趣，只能高興地去幹不願幹的家務了。

當然，如果妻子已把衣服洗了，其幽默感更強，丈夫受到感

動，往往會主動幫助妻子做家務，這樣家務事帶來的不是煩惱，而是一種家庭快樂。

在我們身邊經常能聽到有些人這樣說：「家不就是個吃飯、睡覺的地方嗎？其實和旅館沒什麼不同！」這絕對是不正確的，因為旅店裡沒有家庭裡的溫馨與趣味。

約翰實在無法忍受妻子無休止的嘮叨，打算去外面旅店住幾天。旅店老闆熱情地接待了他，並親自把他引到一個房間。

「先生，您住在這裡會發現跟到了家一樣。」

「天哪！你趕快給我換間房吧！」

這則幽默說明沒有幽默的家庭甚至還不如一家旅店。

運用幽默的語言、行動和態度來對待家庭中的另一個人，它會使你的家庭遠離無休無止的爭吵，遠離沉悶壓抑的冷戰，遠離空穴來風的猜忌。它如同家庭生活中的潤滑劑，能使你的家庭永遠沐浴在春風細雨之中，使夫妻之間的關係永遠和諧美好。充滿活力、擁有幽默口才並加以利用的人，他的生活將會是豐富多彩的，他本人好像有用不完的力量。

6 · 幽默使愛情之樹常青

在現今的家庭中，夫妻雙方都有自己的事業和自己的社交活動，因而雙方都處於相對獨立的狀態，這就使誰來統治家庭成為日益凸顯的矛盾，這個矛盾會使彼此心靈間的距離越來越遠，但

解決它並不困難，幽默能產生特殊的效果。

　　一個男人向他的朋友道出了他婚後生活美滿的祕訣。「我的夫人對所有的小事作決定，」他解釋說，「而我，對所有的大事做決定。我們和平共處，互不干擾，從無怨言，從不爭吵。」「很有道理，」他的朋友贊同地說，「那麼，你的夫人對什麼樣的事情做出決定呢？」「她決定我應該申請什麼樣的工作，我們應該到哪裡去游泳等諸如此類的事情。」朋友很驚奇：「那麼哪些是由你決定的大事呢？」「噢。」這位男人回答，「我決定由誰來做首相，我們是否應該增加對貧窮國家的援助，我們對原子彈應該採取什麼樣的態度，等等。」

　　從某種角度來講，女人的統治慾和虛榮心要比男人更為強烈，因而在家庭中女人往往處於統治者的位置，無論是普通的主婦還是偉人的夫人都無一例外。

　　彼得在當匹茲堡市市長的時候，一天，他和妻子蘭茜去視察一處建築工地。一個建築工人朝他們叫了起來：「蘭茜，你還記得我嗎？讀高中的時候，我們常常約會呢！」
　　事後，彼得嘲弄地說：「嫁給我算你運氣好，你本來該是建築工人的老婆，而不是市長夫人。」蘭茜反唇相譏道：「你應該慶幸跟我結了婚，要不然，匹茲堡市的市長就是他了。」

　　在我們身邊經常會有被稱為「妻管嚴」的丈夫，他們經常被

朋友和同事譏笑，所謂「怕老婆」是丈夫對妻子的寬容與愛護，但被他人譏笑終究是不好受的，如果巧妙地運用自嘲的方法就不至於造成難堪的局面。

而且，有幽默感的人也不怕在眾人面前表現自己「怕老婆」。我們來看下面這兩個人的對話。

甲：「在公司你幹什麼事？」

乙：「在公司裡我是頭。」

甲：「這我相信，但在家裡呢？」

乙：「我當然也是頭。」

甲：「那你的夫人呢？」

乙：「她是脖子。」

甲：「那是為什麼呢？」

乙：「因為頭想轉動的話，得聽從脖子的。」

如此妙答，當然引得人們捧腹大笑，也間接地暗示了他對婚姻的滿意。如果他的夫人真的如傳聞的那樣，他也許自我調侃不起來。所以，有一個好的精神狀態對幽默的發揮是相當重要的。

當妻子因丈夫的某些不良行為而大發雷霆時，丈夫如果可以巧妙地運用幽默口才就可以將一場有形暴風雨化解於無形之中，從而保證家庭生活的順利進行和夫妻間的良好關係。

◎ 重新使用

一對男女決定解除婚約。

女：「你說什麼？要我把你寫給我的信都還給你？」

男：「是的，全部還我。」

女：「你以為我會把信給別人看嗎？」

男：「我沒那麼想。不過，我現在不是要找另一個對象，馬上需要重新使用了嗎？」

⇨愛的甘泉是從人的內心世界自然地流淌出來的，流於形式沒有任何意義可言，甚至可以說是對愛情的褻瀆。

◎ 北極女士

甲：「我把她當成北極看待，稱她為北極小姐。」

乙：「為什麼？」

甲：「她冷得像冰一樣，卻又像磁石一樣吸引著我。」

⇨愛一個人，是你必須有一點兒恨他，恨他令你離不開他。

◎ 愛情的記憶

男：「人總會老的，一個人不能總靠愛情生活吧。」

女：「可是我有關於這些愛情的記憶呀！」

男：「記憶又不能當飯吃。」

女：「當男人不再給我錢花用時，我就把這些記憶告訴他的老婆呀！」

⇨不能廝守終生的愛情不過是人生的一個航站，無論你停留多久，你

都將會乘另一航班匆匆離去。

◎ 已婚男友

　　母親：「你知道，孩子，快三年了，你跟阿爾夫的關係進展得怎樣？他有沒有跟你談到過結婚？」

　　女兒：「當然談到過。一開頭就談了。」

　　母親：「他當時怎麼說？」

　　女兒：「他說他已經結了婚。媽媽，我……該怎麼辦？」

⇨愛，是不能停泊在別人的港灣的，偷來的幸福，到頭來終究還是要歸還的。

◎ 反對

　　小明：「告訴我……」

　　他鼓起勇氣接著說：「你反對婚前同居嗎？」

　　小花：「我從沒做過那種事情。」她低著頭喝咖啡。

　　小明：「真的從來沒做過！」

　　小花：「是啊！從沒反對過！」

⇨「同居」是一種「隨時準備撤退」的關係，在不確定的年代要談不確定的愛情，套一句股票族常用的術語：「不要把雞蛋全部放在同一個籃子中」，實在是一句理名言。

◎ 天天想

　　小王整天悶悶不樂，朋友問他是否失戀了，他說：「沒有的事，只是我天天想著怎樣才能和她在一起，而她天天想著怎樣才

能不和我在一起。」

⇨是你的，總歸是你的；不是你的，也強求不來，這也許就是所謂愛情的宿命。

◎ 想結婚的年輕人

　　「我該怎麼辦？」一位想結婚的年輕人對他的朋友說，「每個我帶回家的女友，我母親都不喜歡。」

　　「這個好辦！」他的朋友建議，「你只要找一個各方面像你母親的，不就可以了嗎？」

　　「我試過了……但是，我父親又會堅決反對！」

⇨適合你的就是最好的，何必在乎別人的眼光？

◎ 取長補短

　　有位姑娘提著高跟鞋走進木材商店，請店主替她把鞋跟的軟木鋸短一些，店主照辦了。過了一個星期，姑娘又來了，她問：「上次你們鋸下的那兩塊鞋跟還在嗎？請你們幫我黏上去。」

　　店主對這個要求很感驚訝，便問其原因，姑娘說：「噢，這個星期我換了個男朋友，比上星期那個高多了。

⇨把自己最真實的一面展示出來，才能獲得真實的愛情。

◎ 我多愛你

　　一天男友給遠方的女友寫信，為了證明自己有多麼的愛她，便在信的後面畫上了一個「心」，然後又在心上畫了一支箭，意思是箭串心，我真的很愛你，而後又畫了一串箭穿心，是為了讓

其女友知道他有多麼的愛她。最後,他又寫上「瞧我有多愛你。」不久他收到了女友的信,女友在信中問到「喂,你那串羊肉串,是什麼意思?」

⇨愛情不需要用過多的語言來表達,毫無意義的重複強調和表達有時會起到相反的作用。

◎ 自作多情

老楊乘坐公共汽車時,車上一位漂亮姑娘總是打量他。

老楊心想:姑娘可能對自己有意思,不禁心裡美滋滋的。姑娘到站下車,老楊見狀馬上跟了下去。

姑娘在前面走著,還不時地回頭看。老楊鼓足勇氣跑上前,不無幽默地搭訕道:「小姐,你為什麼總看我?是不是我臉上有飯粒兒呀?」

姑娘瞪了他一眼說:「明明知道還不擦……」

⇨什麼是自作多情?自作多情就是單相思式的一廂情願的獨白。

◎ 情愛方程式

聰明的男人＋聰明的女人＝浪漫

聰明的男人＋愚蠢的女人＝懷孕

愚蠢的男人＋聰明的女人＝緋聞

愚蠢的男人＋愚蠢的女人＝結婚

⇨在愛情方面,最「傻」的人恰恰是最聰明的人,因為只有他們能走進幸福的婚姻。

◎ 逼供

女：你真的背熟了我的一切嗎？我的身高、體重、最喜歡的和最討厭的，你倒是說說看！

男：身高……（撓了撓頭）穿平底鞋到我下巴，穿高跟鞋到我耳朵。體重（邊思索邊計算），我用自行車載你，勉強可以上30°斜坡，抱著你的話，估計走不出兩公尺。你最喜歡用尖指甲掐我，最討厭我看足球和別的女孩。

➪愛又何必說出口！愛藏在心裡，表現在行動上。

◎ 緣分

甲：「經人介紹，連續相親十次，終於找到一個有緣人。」

乙：「有緣？怎麼說？」

甲：「她就是我第一次相親的對象。」

➪緣分不是刻意追求來的，它是可遇不可求的。順其自然，才會「偶遇」自己的緣分。

◎ 結婚需要……

女：男人結婚需要什麼？

男：勇氣。

男：女人結婚需要什麼？

女：運氣。

➪愛一個人是一種冒險，是一場賭博，要麼得到全部的幸福，要麼什麼也得不到。所以說，愛一個人需要勇氣，更需要運氣。

◎ 白費心機

兩年內，有一個青年連續寫了七百多封情書給他心愛的女友，結果他的女友終於宣布要結婚了，而新郎就是給她送這些信的郵差。

⇨「近水樓台先得月」以心理學角度而言，人與人之間的親密關係，一定要把雙方的距離拉近才得以進行，

◎ 理智情話

「親愛的，你非常愛我嗎？」

「非常愛。」

「你能為我獻出生命嗎？」

「能，但是那樣做就錯了。那時還有誰來愛你呢？」

⇨在這個世界上，沒有誰應該為你去做什麼，因為生命是你自己的，你必須為自己負責，哪怕你們是恩愛的夫妻或戀人。

◎ 忍痛割愛

傷心的寡婦和一位朋友緬懷她剛去世的丈夫：

「我丈夫生前待我很好，我很懷念他。他買了5萬美元人壽保險，指定受益人是我。不過，說實在的，如果他能夠復活，我願意少收5千美元。」

⇨珍惜眼前人吧！不要在失去以後才知道珍惜，最痛苦的事情莫過於在回憶和懷念中過生活。

◎ 移情別戀

男女兩人在大街上邂逅，很快便訂婚了。

小夥子激動地拉著姑娘的手說：「你真是位好姑娘，雖然我不如我的朋友阿偉瀟灑，又沒有他那麼高貴，也沒有他那麼多的存款，但是你卻愛我，這怎麼能不令人感動呢！我一定愛你一輩子，永不變心。」

姑娘聽得眉飛色舞，緊緊地拉著他的手不放，說：「你真誠的表白和坦率的訴說，令我敬佩。不過，我現在對你只有一個要求，能把阿偉的聯繫方式告訴我嗎？」

⇨報恩的愛情不是真正的愛情，說不定哪天會導致悲劇。

◎ 最佳諂媚

男：「你是我的太陽……不，你是我的手電筒。」

女：「怎麼？不是說太陽嗎？」

男：「不行，太陽普照普天下所有的男人，而我只希望你照亮我一個人。」

⇨愛情之所以是自私的，是因為內心的佔有慾在作怪。

◎ 戀愛短篇

文藝社徵文比賽：「請以最短的文章，論述戀愛始末。」結果，小王得到了冠軍，其文如下──

初戀：心裡眼中只有她。

熱戀：媽媽叫我向東，愛人叫我向西；我向西。

失戀：愛人結婚了，新郎不是我。

⇨愛得沒有原則和獨立性，遲早會失去愛情。

◎ 老婆永遠是對的

1. 老婆永遠是對的。

2. 如果老婆錯了，一定是我看錯了。

3. 如果我沒有看錯，一定是我的想法錯了。

4. 如果我沒有想錯，只要她不認錯，她就沒錯。

5. 如果她不認錯，我還說她錯，那就是我的錯。

6. 如果她認錯了，請參考第1條。

⇨戀愛有時候和打仗一樣：以鬥爭求和平則和平存，以妥協求和平則和平亡。一味的妥協，沒有盡頭。

◎ 勸慰

同室的小王失戀後，整天茶不思、飯不想，在床上長吁短歎。大家都不知如何勸慰才好。

生性樂觀的阿杜對小王說：「快些停止歎息下床吧！難道失戀的滋味那麼好，值得你不吃不喝地躺在床上慢慢品味？」

⇨失戀時，只有兩種可能。要麼你愛她她不愛你，或者相反。那麼，當你愛的人不再愛你，或者從來沒有愛過你時，你沒有遺憾。因為你失去的是一個不愛你的人。

◎ 今日客滿

一位打扮得很入時的小夥子來到一家高級飯店，一進門就遞給服務生一個先令。服務生不解地用手掂著這個先令，訕笑著

說：「怎麼，你是要用這錢訂酒席嗎？」小夥子忙解釋說：「不，不，待會兒我陪一位姑娘來，請你大聲對我們說：「今日客滿，請到別處就行了，謝謝啦！」

⇨ 常言說，請客要把功能表把握在自己手中。其實，對於愛情來說，並不是山珍海味和山盟海誓才能表達真心。

◎ 好快的手

我祖父身高一六〇，而健碩的祖母卻高達一八〇。我小時候祖父已去世。有一次我跟祖母一起翻閱舊日的照片，突然想到他們兩個站在一起一定很惹人注意。

「祖母，」我問她，「當年你怎麼會愛上一個比你矮那麼多的男人呢？」

她轉過臉來對我說：「孩子，我們是坐著談戀愛的，等我站起身來的時候，已經太遲了。」

⇨ 別人眼睛中完美愛情般配和我們自己對愛情的感覺是不一樣的，有時候需要用技巧向別人解釋，讓其他人知道，自己喜歡的就是適合的。

◎ 求婚

「我來找你是要向你的女兒求婚。」年輕的求愛者說。

「你跟我的妻子談過了嗎？」做父親的問。

「是的，但我更希望娶你的女兒。」

⇨ 智者說：「每個人的幸福需要自己做主」。對於感情這樣純粹自

⇨體驗的東西，所有的人都代替不了當事人的感覺和意見。所以，尊重別人的選擇就是尊重別人的感情。

◎ 抓沙

　　一對新婚夫婦卿卿我我地坐在沙灘看日落，太太隨便抓起一把沙，不經意的對丈夫說：「真奇怪，無論我抓得多麼緊，它總是從手指縫漏去，最後就只剩下那麼一點點。」

　　丈夫接了一句，說道：「寶貝，在這個美妙的時刻，還是不要提我那點微薄的工資吧！」

⇨愛情無需刻意去把握，越是想抓牢自己的愛情，反而越容易失去自我。失去彼此之間應該保持的寬容和理解，到最後連愛也失去了。

◎ 沒有保險

　　一位男士收到女朋友的絕交信，信中寫道：「雖然咱們的關係已經結束，但你必須賠償我四年的青春損失……」

　　男士回了一封短信：「親愛的，這筆錢我不能出，因為你當年沒有投保。」

⇨有時候，愛情是一次賭博，付出可能得不到任何的回報和補償。

◎ 愛情方向

　　湯姆：「愛是偉大的，它使這個世界不停地旋轉！」

　　傑克：「媽呀！我真恨它轉得我暈頭轉向，不知所措！」

　　約翰：「那你倆怎麼不掌握愛情旋轉的方向哩！」

⇨愛情的過程不同，愛情的方向也就不同。每個人都應該把握自己愛情

的方向。

◎ 互問

男士低聲對一位小姐說道：「小姐，我可以愛你嗎？」

「當然可以。」小姐大方地點了點頭。

男士不由心花怒放，正要更進一步的表示，忽聽小姐柔聲嬌氣地問道：「先生，我可以不愛你嗎？」

⇨愛情是一種互動，來不得半點得勉強和遷就。

◎ 暗示

一個老處女喜滋滋地向新交的男朋友說：「昨天晚上，我夢見你向我求婚。」

「那你是如何表示的？」

「我接受你的求婚。」

⇨身為女人，應該保留一些含蓄，不要讓男人一眼就看到你的底牌。

◎ 愛的眞諦

丈夫：「為什麼上帝把女人造得美麗而又愚蠢呢？」

妻子：「道理非常簡單。把我們造得美麗，你們才會愛我們；把我們造得愚蠢，我們才會愛你們。」

⇨男人首先看重的是女人的相貌（儘管很多男人不承認）；女人首先看重的是男人的才華（因為才華是財富的源泉，儘管很多女人都表示自己不愛金錢）。

◎ 愛的考驗

湖邊依偎著一對情侶。

南茜：「你愛我嗎？」

傑克：「當然，我愛你勝過愛自己的生命。」

南茜指著湖面：「你敢從這兒跳下去，我就相信你。」

傑克立即轉身跑開，過了一會兒，他氣喘吁吁地回來了。

南茜：「哦，天！你幹什麼去了？」

傑克：「沒什麼，親愛的，我買了一個救生圈！」

⇨愛情即使能夠超越生死，也不要讓它去接受不必要的考驗，因為無謂的摸爬滾打必定會留下傷痕。

◎ 條件足夠

阿福不敢當面向他的女友求婚，只得在電話上作遠端試探。

「麗麗，我得了五百萬元遺產，一座別墅，一輛汽車，還有一艘遊艇，你答應嫁給我嗎？」

「當然答應你，但你是哪位呀？」

⇨愛情不僅不能買賣，而且金錢是必然會扼殺愛情的。

◎ 不浪漫

小雲在對她的女友抱怨：「我的男朋友一點也不浪漫，那天我辛辛苦苦地準備了燭光晚餐。」

「他說什麼了？」

「親愛的！停電了，我們出去吃吧！」

⇨浪漫是愛情的必需品，是婚姻的奢侈品。

◎ 需要

我需要一只新的戒指。生日那天，我正在整理花園，丈夫問我想要什麼禮物。我舉起手說：「喏，你看我的手光禿禿的。」

當晚，我激動地打開禮物盒。「生日快樂」丈夫說。我打開看到一副園藝用的手套。

⇨愛情在不同的階段有不同的表現方式，婚前婚後逐漸由浪漫表現的務實。男人的理性思維最終會獲得勝利。因此，對於浪漫的女孩子來說，婚前提出需求比婚後提出需求得到的滿意度要高很多。

◎ 我早就了解你了

一個小夥子正在向一位姑娘求婚。

姑娘說：「不過，我們相識才三天吶，你了解我嗎？」

小夥子急忙說：「了解，了解，我早就了解你了。」

「是嗎？」

「是的，我在銀行工作三年了，你父親戶頭裡有多少存款，我早就很清楚的。」

⇨愛情一旦和金錢有了一種交易關係，就不能叫做愛情了。

◎ 先要錢

女兒發現媽媽向她的男朋友要「彩禮」，覺得很不理解，就問：「媽媽，我們還在戀愛，為什麼先要人家這麼多錢呢？」

「傻姑娘，你到百貨公司買東西，不先付錢行嗎？」

⇨買賣婚姻儘管已經不存在了，但「買和賣」觀念卻還在一部分人的頭腦中揮之不去。

◎ 時不我予

少女問男友：「為什麼你買人造花給我？我喜歡鮮花。」

「親愛的，鮮花總是在我等你的時候就枯萎了！」

⇨浪漫的愛情總是暫時的，喧囂過後，一切都會歸於平靜。瑣碎的生活更多地需要男女雙方在現實中互助合作、患難與共，而不是花前月下的卿卿我我。

◎ 只此一次

小陳正在熱戀，但他的收入微薄，很難滿足女友在物質上的需求。這一天是女友二十歲的生日，看來無論如何也得送點禮物給她了。他籌了一筆錢，給她買了一隻金戒指，另在賀卡上寫著：「親愛的珍珍，祝你生日快樂，並預祝從今天起到我倆結婚前的一切節日，你都快樂！」

⇨如果沒有物質基礎，愛情到底能夠走多遠？

◎ 考驗

「親愛的，只要你想要的，我都會不惜一切令你得到。」

「那我先要測謊機。」

⇨「輕諾不易信」，愛情中尤其如此。

◎ 藥方

有人問一位諷刺家什麼是醫治愛情創傷的藥方，諷刺家說：「饑餓是一種妙方，時間更好一些。」

⇨愛情是一種情感的需求，但不是生命的需求。愛情是一種創傷，但遠遠沒有到致命的地步。相信生命的力量，更要相信時間是治療一切所謂創傷的最好的良藥。

◎ 美得無法形容的愛情

深夜裡，巴維爾和巴芙琳娜緊偎著，漫步在街頭。巴芙琳娜呼了一口氣，拖長了聲音說：「啊，巴維爾，如果我們結了婚，那不是太美了嗎？我們之間有的是愛情，我們只要有口飯吃，有口水喝就能生存！」

巴維爾把他心愛的人摟得更緊了，他安慰她說：「當然嘍，那會美得無法形容的，只要你願意賺錢買飯吃，我就願意賺錢買水喝。」

⇨愛情也許能存活在真空中，但人卻必須要生活在現實的土壤中，誰讓我們浪漫的靈魂拖著一個沉重的肉身？

◎ 玫瑰的含義

為了追一位漂亮的美眉，我決定展開鮮花攻勢。

老闆說：「小夥子，買九百九十九朵玫瑰吧。」

我問老闆：「一朵玫瑰代表唯一……三朵代表我愛你……九朵代表永遠……那九百九十九朵是什麼意思？」

花店老闆：「……這個嘛……代表……『我很有錢』。」

⇨虛假的浪漫是用金錢堆積起來的，真誠的浪漫是用血和淚書寫的。

◎ 自己變狗

　　女：「像你這種人，只有狗才會愛你。」

　　男：「告訴你，我剛才繼承了一千萬元的遺產。」

　　女：「汪！汪！汪！」

⇨當女人離金錢最近的時候，也是離愛情最遠的時候，而離愛情最遠的女人也是最不幸的女人。女人最大的心願是讓男人去愛，而讓男人去愛的女人是一見愛情試紙就顯靈的女人，這樣一個簡單的公式卻讓我們把程式搞亂了。

◎ 意中人

　　有一位眼睛明亮的姑娘對她的母親說：「喬‧格羅弗是我中意的男人。他為人正派，長得帥氣。他很聰明，也很能幹。他說話詼諧，待人和氣。他身強體壯。」

　　她母親打斷了她的話，說：「他不是已經結了婚了嗎？」

　　「所以說，任何人都不可能是十全十美的呀！」

⇨沒有一種感情是有罪的，當時的快樂也都是真的。只是快樂背後，要背負的也許還有很多。

◎ 喜新厭舊

　　一天，林姐姐在公車上，看到外面的馬路上，他的男朋友正與另一位漂亮的女孩子走在一起，馬上無名火起三千丈。

　　第二天，林姐姐見到男友便大興問罪之師，怒沖沖地質問

他：「想不到你竟然是一個喜新厭舊的傢伙！」

男友急忙辯解道：「你誤會啦！我哪會是這種人？你才是新的，她是舊的！」

⇨所謂喜新厭舊，就是有了愛情和麵包之後，還想吃蛋糕的心情。

◎ 假設

女：假設，我和你媽同時落水，你先救誰？

男：你不是說你學會游泳了嗎？

⇨這樣的問題肯定出自貪婪的女人之口，因為她要剝奪他作為男人的權利。

◎ 裝潢門面

甲：「快把你家的書借給我幾本。要厚的，精裝的。」

乙：「為什麼？」

甲：「我的女朋友今天第一次上門來。」

⇨愛情必須接受時間的檢驗，一時的偽裝可以滿足自己的虛榮心，但永遠無法收穫愛情。

◎ 如此約會

有個害羞的小夥子告訴媽媽說，他要去同一位姑娘約會。

半小時以後，他回來了。

母親問：「談得怎麼樣？」

「很順利。」

「見到了她嗎？」

「當然見到了，」他咯咯地笑著說，「不過，要是我不躲在大樹後面的話，她也會看見我的。」

⇨客觀因素會影響愛情，主觀因素更能扼殺愛情。比如，害羞對愛情有著很大的殺傷力，因為你沒有給對方愛你的權利和機會。

◎ 沒有機會

　　一個即將結婚的年輕女人，在最後一刻決定要試探她的心上人。於是，她選了一個相當漂亮的女友，雖然她知道這是冒險，但她還是對她說：「今晚我會安排傑克帶你出去——月光下海邊散步，然後享受一頓龍蝦大餐。為了試探他的忠貞，我要你要求他一個吻。」女友笑了笑，紅著臉同意了。危險的計畫進行了。

　　第二天，女子去見那位女友，焦急地問：「你吻他了沒？」

　　「沒有。」

　　「沒有？為什麼不呢？」

　　「我沒有機會，他就先主動吻起我了。」

⇨愛情像嬌貴的瓷花瓶難已永恆。所謂「天長地久」，「海枯石爛」更多的只是人們心中的美好理想，所以與其考驗愛情，不如享受愛情。考驗愛情是一件很累的事。「考生」累、「考官」更累，所以聰明的男女很少去碰它，其實考驗愛情是缺乏信心的表現。不要太相信「經得住考驗才是真愛」，愛情無須考驗，既然兩人在一起能夠開心，能夠在生活上有所寄託，考驗什麼！

◎ 準備早餐

　　「親愛的，你只要再準備一下烤麵包和咖啡，我們就可以吃

早餐了，」新娘含情脈脈地對新郎說。

「早餐都有什麼？」新郎問。

「烤麵包和咖啡。」

⇨愛情是一個博弈，真愛的衡量的標準是，無論為對方做什麼事情，都心甘情願。所以，女孩子經常用這樣的方式來考驗男孩子。

◎ 女教師的優點

一個小夥子有三個要好的女朋友，一個是醫生，一個是電話接線生，另一個是教師。

有一天，小夥子問母親，她們當中哪一個適合做他的伴侶。母親立即回答說：「我的孩子，當然是女教師了！」

「為什麼？」

「這還不清楚嗎？因為醫生老是說『輪到下一個了』，電話接線生則常常說什麼『請你再講一次』之類的話，而女教師卻和她們不一樣，她總是那麼和氣地說，『我們再來一遍，我們不妨再試試，別灰心，最後一定會成功的。』」

⇨兩個人能否天長地久，靠的不是浪漫的愛情，也不是優厚的物質條件，而是一種信念，一種宗教般的虔誠和信仰。當愛成為一種信念，收穫已不重要，幸福也許會在不經意之間悄悄來臨。

◎ 內在美

一個小夥子打扮得非常時髦，去找女朋友。女朋友見他油頭粉面，不男不女的，很是反感，於是不滿地說：「我討厭你這種外表的美，喜歡內在的美。」

小夥子一聽，急忙解開外衣扣，指著胸前繡有牡丹花的白色襯衫，說：「你看，我這裡面也是很美的。」

⇨不要只看外表，因為它會欺騙你；不要只看財富，因為它會褪色。

◎ 徵婚廣告（1）

「你是我的心上人嗎？本人經商多年，聰敏過人，富裕非常。雖已年屆四十，依然英俊少壯。缺點嘛，或許略微富態一些。誠望結交秀美溫情的女子，不抽煙嗜酒，年齡在二十至三十五歲之間。倘若有意，請惠寄小傳一份，附上玉照及電話號碼。注意：千萬勿忘附上玉照！」

⇨男人是用下半身思考的動物，這話也許絕對了點，但起碼在某種程度上或對某些男人（特別是那些有點錢的男人）來說是這樣的。

◎ 徵婚廣告（2）

二十二歲，處女，空中小姐。溫文爾雅，相貌娟麗，通情達理，擅長烹調。一經接觸，會使你感到意外驚喜。覓求經濟富足的男子，年齡、種族不論，但務須待人誠懇。望能陪我在巴黎逛商店，到義大利上館子。如果從見面起三個月內能一直吸引住我，我就嫁他。祝君好運，靜候佳音。」

⇨現在一些女孩子徵婚啟事中，往往不再以愛情標準來擇偶，倒像是失物招領、尋人啟事。人成了物質載體，婚姻成了資產重組，愛情不過是黏合劑。況且，所謂的「黏合劑」中也是因為加進了金錢元素才起了作用。顯而易見，這些人是在用自己的年輕、美貌和高等學歷招牌

等等「有利條件」去和金錢、財富進行交易，這種交易或許從來都是存在的，但當她們通過徵婚這種形式理直氣壯地把它提出來，潛規則變成了明規則時，便明明白白地昭示出相當數量的年輕女性在市場經濟大潮中對以愛情為基礎的婚姻觀念的顛覆和對自身社會和事業價值的否定。

◎ 耐用

在我母親結婚50週年紀念日的時候，父親愉快地回憶起往昔的婚戀過程。「那時候，我們都沒有太多的錢，」他告訴我們，「而且當時我正在面臨著這樣的一個選擇，是讓我的汽車換一次輪胎呢，還是平平淡淡地去結婚。」父親停頓了一下，接著說，「現在我不得不認為自己的投資方向是正確的，因為再好的車胎或許也用不到50年呀！」

⇨完美幸福的愛情是任何金錢都無法替代的，有時候，很多人不知道，幸福往往不能用金錢來衡量的。

◎ 要求完美

我所認識的一對夫妻正討論著剛貼好的壁紙。丈夫對剛貼好的壁紙不太滿意，而妻子卻無所謂。為此，丈夫很惱火，他對妻子說：「這件事，就在於我是個要求完美的人，而你卻不是。」

「對極了。」妻子道，「這就是為什麼你求婚的時候，我會毫不考慮就答應你的原因。」

⇨追求完美可以是深埋在心底一種理想和願望，但絕不能照搬到現實生活中來「運作」，飲食男女哪會有天堂中的浪漫？如果你抱的希

望越大，失望也就越大。

第**6**章
家庭生活中的幽默

家是我們的避風港，家是我們歡樂的海洋。不過，這歡樂的海洋有時也會掀起一些或大或小的風浪。要維持家庭的和諧幸福、緩解家庭成員之間的矛盾，幽默的氣氛是必不可少的。

1‧家庭幽默增親情

如果說親情是太陽溫暖著你和我，那麼家庭中的幽默，就像彎彎的彩虹橋連起了我們的心。

人人都希望家庭的港灣寧靜而和諧，而寧靜的生活也需要笑聲做點綴，和諧的日子也需要幽默來調劑。在家庭中適當運用一些幽默話語，能使家庭氣氛更融洽，家人生活更幸福。幾位文化名人的做法可供效仿。

著名劇作家沙葉新極具幽默感，其女兒也天生具有幽默細胞，還在童年時就對「女大不中留」有過一番妙論：「我認爲『女大不中留』的意思就是……嗯……就是女兒大了，不在中國

留學，要到外國去留學。」後來她果然去美國留學了。

　　一次回國探親，她和父母談起同在美國留學的弟弟，説弟弟想娶個黑人女孩。母親不由大吃一驚。「媽媽怎麼還有種族歧視？黑人女孩是黑珍珠，身材好極了，長得也漂亮。」「我倒沒有種族歧視，」沙葉新插話説，「我就擔心他們以後給我養個黑孫子，送到上海來讓我們帶。萬一晚上斷電，全是黑的，找不到孫子那不急死我們！」女兒連忙説：「那沒關係，斷電的時候你就叫孫子趕快張開嘴巴，那不是又找到了！」(黑人都有一口漂亮的白牙齒)

　　在父女之間的這場溫情脈脈的唇槍舌劍中，父親顯示了他開闊的胸襟、年輕的心態和幽默的天性，而女兒更是青出於藍而勝於藍，她機靈的回答、狡點的反擊爲久別重逢的父女增添了一份額外的喜悅。

　　在讀者眼裡，名作家錢鍾書是滿腹經綸的學者，不苟言笑，其實不然。

　　錢氏夫婦在清華養過一隻很聰明的小貓。愛貓成癖的錢鍾書特備長竹竿一根，倚在門口，不管多冷的天，聽見貓兒叫鬧就急忙從熱被窩裡爬出來，拿了竹竿幫自己的貓打架。和錢家貓打架的是鄰居林徽因女士的貓，妻子楊絳怕錢鍾書爲貓傷了兩家的和氣，就引用錢氏小説《貓》中的一句話來勸他：「打狗要看主人的面，那麼，打貓更要看主婦的面了。」錢鍾書調皮地笑道：「理論總是不實踐的人制定的。」此後卻不那麼衝動了。如果楊

絳硬去阻止生著氣的他打貓，也許會適得其反，最聰明的辦法當然是迂迴出擊先逗他笑。

表面上看，他倆針尖對麥芒，互不相讓。但隱匿在一問一答中的幽默，讓人一眼就能看出他倆是婦唱夫和，其樂融融。

臺灣詩人余光中育有四女，再加上妻子，家裡十足的陰盛陽衰。好在余光中已習慣與五個女人為伍，沙發上皮包和髮卷散亂地放著、浴室裡彌漫著香皂和香水的氣味、餐桌上沒有人和他爭酒等等，都是天經地義的事。所以余光中戲稱自己的家為「女生宿舍」，稱自己為「舍監」。

由於家中的電話裝在余光中的書房，所以他總是忙得不可開交：「四個女兒加上一個太太，每人晚上四、五個電話，催魂鈴聲便不絕於耳了。我就像個現代殷洪喬，成了五個女人的接線生。有時我也想回對方一句『她不在』，或者乾脆把電話掛斷，可又怕侵犯了人權，何況還是女權。在一對五票的劣勢下，怎敢冒天下之大不韙？」

在余光中的滿腹牢騷中，我們分明可以聽出他作為家中唯一一名男性的自得與驕傲。與其說他是忍氣吞聲為家中的女人們忙進忙出，不如說他是心甘情願為家中的女人們吃苦受累；與其說他忙得焦頭爛額，不如說他是忙得不亦樂乎。聰明的余光中是以正話反說的方式向妻女「談情說愛」的。

倘若說余光中的「叫苦」還有一絲「欲說還休」的味道，那

麼，當代著名漫畫家丁聰的「抱怨」則完全是「一吐為快」了。

有人問漫畫家丁聰：「你身體這麼好，有何養生之道？」他回答說：「大概是有個好飼養員吧。飼養員就是我老伴，她做什麼，我就吃什麼，從不挑食，不挑食的孩子就是好孩子。」

當然，丁聰所謂的「不挑食」僅限於肉類，至於蔬菜，他是難以下嚥的。對此，丁聰說：「我的理論是順其自然，想吃說明身體需要，不想吃說明不需要，何必勉強呢！所以，我是想吃什麼吃什麼，當然還要在老伴的管轄之下——我什麼也不會做，因此只能逆來順受。」

有時，丁聰索性將老伴稱為「家長」，他的幸福感便表現在不時地向朋友們抱怨「家長」的管束。名為訴苦，實為誇耀，丁聰正是運用這種獨特的方式向老伴表達情意的。

上海作家陳村也視女兒為掌上明珠，談起女兒他就沒大沒小、口無遮攔了：「我現在是名花有主，動輒得咎。出門要請假，回家要彙報，自己看自己也覺得有教養多了。之所以有點滴的這些進步，全賴於女兒每天對我的栽培。」

倘若不是深愛女兒，陳村怎麼可能對女兒言聽計從、必恭必敬呢？他還說過：「我從小就沒有父親，不知道一個標準的父親是怎麼樣的。我本可以自學成父，可是真的當了父親才知道比較困難。好在女兒的懂事和寬容。」

「自學成父」一方面是指陳村從小沒有品嘗過父愛的滋味，另一方面也表明了他成為一個好父親的決心。

三毛和荷西的愛情故事曾感動過無數少男少女，在撒哈拉那個物質極度匱乏的地方，是幽默的話語使他們的生活情趣盎然。有一次，荷西指著岳母從臺灣寄來的粉絲問三毛：「咦，什麼東西？中國細麵嗎？」三毛隨意發揮道：「這個啊，是春天裡下的第一場雨，下在高山上被凍住了，山民們紮好了背到山下來，一束束賣了換米酒喝，買到不容易哦！」

在三毛極富詩意的回答中，在她對荷西的小小「欺騙」中，新婚妻子對丈夫的親昵之情溢於言表。善於製造幽默使妻子三毛平添嫵媚，品味幽默使丈夫荷西倍感甜蜜。

2・家教離不開幽默

中國傳統的家庭教育大都嚴肅多於寬容，從一些俗話便可見一斑。比如，「三天不打，上房揭瓦」、「棍棒底下出孝子」。在這種教育思想的影響下，家長與孩子的關係往往弄得非常對立。殊不知，最好的家教應該是略帶一些幽默。

兒子上小學時，我和老公有時會為到底誰是家長代表爭論一番，各自不服。一次，我提出，咱們競選吧，誰當選誰就是。
當時，我是有些小心思的，因為兒子從小是我帶大的，老

公在外地，兒子與我的感情更深些，當然會選我。

沒有競選宣言，我們就馬上開始投票。

第一次投票，三個人，每個人自己投了自己一票。

兒子很興奮，他以爲自己也會當選家長。我暗自生氣，我說兒子你應當選媽媽，媽媽對你多好。

沒想到，老公對兒子說，你不可能當家長，你如果選我當家長，那麼，我就任命你是副家長。

第二次投票結果可想而知，老公兩票當選家長，兒子是副家長，我是成員。

家長對副家長說，他在家的時候，就什麼都聽他的。他不在家的時候，兒子就要聽媽媽的。於是，這個副家長，就成了一個虛名。

因爲家長總是擺個臭架子，我的心比較軟，所以副家長也很後悔自己的錯誤選擇，總想再次競選，讓我當選，可惜家長不同意，再次競選似乎遙遙無期。

培養孩子的幽默感，使其敢於自嘲，學會用微笑面對人生，正是讓他們的心理走向成熟的標誌之一。

朋友八歲的孩子因爲癡迷於武俠電視劇，天天衝衝殺殺的，朋友很是擔心。一天，孩子又在商店裡看中了一支新式玩具步槍，纏著要買，而家中的武器玩具早就堆積如山。朋友說：「兒子，你的軍費開支也太大了，現在是和平時期，咱們裁減點軍費如何？」兒子噗哧一笑，從此，再也沒有買過新武器了。

家庭教育的方式多種多樣，但總的說來，不外乎疾言厲色、心平氣和、風趣幽默三種。

家庭教育的本質在「教育」二字，無論哪一種教育方式，都離不開生活理念的灌輸，但是不同的灌輸方式產生的效果大不相同。疾言厲色的教育可以威懾孩子，但它容易讓孩子產生對抗心理，是一種得不償失的教育方式。

心平氣和式的教育能使孩子體會到自己與家長在人格上的平等。但由於語言平淡，不疼不癢，無法產生持久的效果。風趣幽默的教育觸動的是孩子活潑的天性，因而更能在他們的心靈中留下不滅的印跡，他們時刻以此警示自己。

幽默是家長與孩子溝通的有效方式。世界上有人拒絕痛苦，有人拒絕憂傷，但決不會有人拒絕笑聲。在教育孩子的時候，家長如果經常能想到「寓教於樂」，再頑皮、再固執的孩子也會轉變的。幽默表面上只是一種教育手段，實際上貫穿其中的是一種樂觀精神，堅信「明天會更好」，反映了人本教育的本質。

3・幽默是家庭的「減震器」

家庭是拉著一家人在生活的道路上前進的馬車。生活這條道路，有時筆直平坦，有時坎坷崎嶇。要減少和減輕馬車經過坎坷崎嶇路段時的震動，就必須有減震器，這個生活的「減震器」就是幽默。

美國著名的心理學家赫布・特魯指出：「繁瑣的家務需要幽默。」我們每個人都有機會獲得幽默，並把它運用在家庭生活

中。要做到樂觀還必須學會幽默。在日常的生活和工作中，難免會碰到這樣或那樣的矛盾、分歧、尷尬，甚至隔閡，影響我們樂觀的情緒。而幽默則可以幫助我們化解矛盾，減少分歧，消除尷尬和打破隔閡。幽默主要是通過語言來實現的，幽默的語言有趣、可笑、意味深長，它能使生活充滿情趣。哪裡有幽默，哪裡就有活躍、歡樂的氣氛。

家庭是社會的細胞，家庭中尤其需要幽默。原本相對獨立的兩個人成立了家庭以後，夫妻之間便開始朝夕相處。戀愛時的浪漫、相互間的仰慕都會被越來越具體、越來越瑣碎的家務勞動所吞噬，夫妻雙方常常會爲這些枯燥的永遠做不完的家務勞動而發生矛盾，使家庭的歡樂氣氛越來越少。而幽默卻能使家庭矛盾得到化解。事實證明，如果夫妻雙方都有幽默感的話，那麼，他們之間的感情紐帶就會比別的夫妻更牢固，也更能經受得住生活中的磨難和考驗。同時，那些原先繁瑣的家務，也會在幽默感的潤滑下，變成一曲令人心情愉快的家庭幸福樂章。這樣的家庭更具有歡樂的氣氛。

夫妻間難免會產生矛盾和爭吵。如果雙方都沒有幽默感的話，小吵就會變成大鬧，甚至會發展到不可收拾的地步。

有一個外企員工，工作較忙，下班總不能按時回家，經常是妻子回到家把飯菜做好了他還沒回來。時間一長，妻子就不耐煩了。有一次，妻子生氣地說：「你還想家，還要吃飯嗎？」他不作聲，在飯桌上只是一股勁地喝湯。妻子覺得奇怪：「你是不是發神經了？光灌水！」他說：「我怕跟你吵起來，多喝點湯，

壓壓火。」一句話逗得妻子哭笑不得：「真拿你沒辦法。」邊說邊給他盛了飯，並夾上一大塊魚肉端到他面前。他雙手接過，風趣地說：「謝謝孩子他媽的！」一下子大家都樂了，妻子原先的一肚子氣也隨之煙消雲散。

事實證明，在家庭生活中，幽默可以消除煩惱和憂愁，增進身心健康；可以豐富感情交流，增添生活樂趣；可以化干戈為玉帛，增強家庭和睦，對搞好家庭建設很有好處。列寧說：「幽默是一種優美的、健康的品質。」愉悅輕鬆，表達了人類征服憂愁的能力。布笑施歡，令人如沐春風，神清氣爽，樂觀常在。

✦ · 用幽默表達對家人的關懷

常常有人問：「愛的喜劇是什麼意思？」赫伯這樣回答：「如果我們花許多時間、勞力、金錢，來使我們能去愛別人，那就是喜劇；如果我們只花很少力氣去使我們顯得可愛，那就是悲劇。」精神分析學家弗洛姆說過：「人想的多半是被愛，較少想到自己愛的能力。」

當然，你可以抱怨，可是抱怨一點作用都沒有。而如果你用對親人的愛來接受它們，這便是上演了愛的喜劇。

一天，丈夫外出，穿了一件嶄新的白上衣，沒料到遇上傾盆大雨，全身濕透，不但成了落湯雞，上衣還沾上了許多污泥。

回到家，看門的狗狂吠不止，並向他撲來。丈夫很生氣，

正想拿起一根木棒打牠時，妻子出來說：「算了吧，別打牠。」

丈夫生氣地說：「這條狗真可惡！連我也認不出來！」

妻子說：「親愛的，你也要設身處地為牠想想，假如這條白狗跑出去變成一條黑狗回來，你能認得出來嗎？」

妻子把丈夫比作狗，但這不是嘲諷他，而是夫妻一種親昵的舉動，妻子用這個小小的幽默來表達對丈夫的關心，丈夫自然會被逗笑，不快也化為烏有。

有時候，親人難免做錯事，比如菜燒糊了、衣服熨壞了。這時他們需要的不是嘮叨和責備，而是諒解和安慰，如果能加一點幽默，他們會更加開心，家庭生活會更加幸福和諧。

一對夫妻結婚十五年了，妻子為丈夫煮了十五年的飯。這天，妻子煮的飯很糟糕，是十五年來最糟糕的一次。菜爛了，肉焦了。丈夫默默地坐在飯桌旁嚼著，一言不發，妻子很自責。當她正要開口說話時，丈夫卻突然把她緊緊地摟在懷裡。

「你這是做什麼？」妻子納悶地問。

「哈哈！」丈夫答道，「今晚這頓飯跟咱們剛結婚的那天煮得一模一樣，所以今天我要把你當新娘子看待。」

妻子聽了，感動得熱淚盈眶。

丈夫的這番幽默所表達的愛和關懷，勝過任何沒頭沒腦的責備。充滿愛意的幽默讓妻子品味出濃濃的關懷，感受到無比的幸福。夫妻間的關懷需要適時的表達，藉著幽默，我們能讓自己所愛的人在會心一笑中感受濃濃的愛意和溫暖的幸福。

◎ 笑不出來

　　老沈被他夫人逼得沒法，才同意到一家照相館去，拍夫婦合影。攝影師對好了鏡頭之後，向老沈說道：「先生！你的臉上一定要露出一點笑容來才好。」老沈看看夫人，說道：「老婆，請你暫時離開兩分鐘，好不好？」

⇨我們想當然的希望自己的另一半因為自己而笑容更多，卻總是在日積月累的行為中使自己變成了那個阻止他（她）微笑的人。

◎ 誤會

　　妻子喜歡長跑，但常有些野狗向她亂叫。丈夫只好在妻子跑步時騎著自行車跟隨其後，手持一根木棍，以便趕狗。一天，一個司機看到這場景，看看前面跑著的妻子，又看看手持木棍在騎車的丈夫，不禁叫道：「哇噻！這位老公可真狠！」

⇨婚姻的真相，外人永遠無法言清。對待別人的婚姻，我們唯一該做的就是永遠不要去評論。

◎ 想當初

　　妻子對丈夫埋怨道：「你如今對我開始冷淡了！結婚前你對我多好！要是路上碰見水窪，你就把我抱過去。可是現在你只會裝著沒看見。」

　　丈夫辯解說：「這也不能全怪我，那時你的體重只有現在的二分之一啊！」

⇨對於女人來說，年齡、容貌，這些都是在變化的，所以保持被愛的

更有效的辦法就是改變自己的要求。

◎ **叮嚀**

　　丈夫是個球迷，正全神貫注地看電視上的足球賽。

　　妻子正站在梯子上粉刷牆壁，她回過頭來對丈夫說：「親愛的，如果我從梯子上跌下來，你能不能在比賽休息時間裡，為我去叫一輛救護車？」

⇨每個女人都希望自己的丈夫愛她勝過足球，可最後我們卻總是因為沒有勝利的把握而妥協。其實妥協未必是種失敗，因為我們都知道，足球是不需要丈夫的。

◎ **清掃落葉**

　　妻子：「如果我們的婚姻是平等的話，你就應該把地上的落葉掃掉一半。」

　　丈夫：「落到地上的那一半樹葉是你的，親愛的，我的那一半還在樹上呢！」

⇨婚後，丈夫們總是喜歡將自己的勤勞賞賜給他人，卻在理所當然中享受妻子給予的辛苦。而妻子們所要求的，卻永遠不是索取，只是偶爾的平等而已。

◎ **共同嗜好**

　　甲：「昨天我太太發現我那一點可憐的私房錢了。」

　　乙：「結果呢，你們吵架了嗎？」

　　甲：「沒有，她笑咪咪地說結婚五年以來，終於發現了我們

唯一的共同嗜好。」

⇨在婚姻中，當我們發現對方的作為正是我們自己的作為時，無論這種作為是好是壞，我們都會慶幸終於不再因為理虧而被埋怨了。

◎ 不必結婚

　　湯姆碰見自己的朋友魯提斯，只見他垂頭喪氣，悶悶不樂。

　　「啊，我親愛的朋友，你出什麼事了？」

　　「還是為了那婚姻的事！哎，您說說看，男人究竟什麼時候結婚才合適呢？」

　　「因為是你，我才對你說句老實話：如果還年輕的話，那就不忙結婚；如果年紀大了，那就不必結婚了！」

⇨每個女人總是想通過結婚而控制男人的生活，可事實上，每個男人都渴望在婚姻之外，還擁有自由。

◎ 忠誠保險

　　一個新婚不久的少婦，走進一間辦公室問：「你們這裡是忠誠保險公司嗎？」

　　「是的，太太。」

　　「太好了，我要替丈夫投保忠誠保險。」

⇨婚姻的忠誠永遠是當事人自律的結果。當一種忠誠需要保險時，只能說明你需要的不再是忠誠，而僅僅是索賠的金錢而已。

◎ 有限度

　　女：「為什麼結婚前你對我百依百順，可是我們蜜月回來才

三天，你竟跟我吵了兩天半的架。」

　　男：「因為我的忍耐是有限度的。」

⇨「婚姻是愛情的墳墓」，相信這只是部分人的觀點。即使真的是愛情在婚姻後不幸觸礁，該指責的也絕不是婚姻本身，出了問題的應該是愛情。

◎ 高招

　　妻子：「親愛的，我要坦白告訴你，我背著你向時裝店賒了三套新裝，總共欠了人家一萬多塊呢！」

　　丈夫：「沒關係，親愛的！只要你瞞著我去付錢就行了！」

⇨女人愛美是沒有止境的，對於她們的丈夫而言，這可是一件讓人歡喜讓人憂的事情——誰不希望自己的老婆漂亮地站到人前，可誰又不心疼自己口袋裡的錢呢？

◎ 小徑

　　婚姻或許是條通往幸福的大道，可道路兩旁那一條條通向幽靜處的小徑或許更誘人。

⇨嬌豔欲滴的禁果，引誘多少人趨之若鶩，然後又以翻雲覆雨之勢，將追隨者放逐荒原，去承受那一片亙古不變的荒涼與寂寞。

◎ 婚姻的障礙

　　一天，一個美女找到律師，說：「我有件事情想請教您。」

　　「是什麼事情？」律師鄭重地問道。

　　「我愛著一位紳士，他也愛著我。我們雙方的父母也贊成我

們的婚事，我們也有信心使婚後的生活美滿。」

「那就沒有問題啦，那你為什麼不趕快跟他結婚呢？」

「但是，」美女有些結結巴巴地說：「可是，我不知道該怎樣去對我丈夫說才好呀！」

⇨婚姻和愛情無關。你的一生不可能只愛上一個人，但你只能和一個人結婚。

◎ 擺脫妙計

一個相貌和脾氣都一無可取的女人，向她的女友請教：「有什麼辦法可以讓我討厭的那個男人不再追我呢？」

女友說：「和他結婚。」

「我和他結婚？」

「對，如果你和他結婚，過不了兩天，他就會逃掉了。」

⇨戀愛時應看重對方是否真誠，結婚後應看重對方是否有責任感。沒有責任的婚姻是不能長久的。

◎ 心疼得很

先生：「親愛的，我辛辛苦苦賺來的錢，你怎麼能輕輕鬆鬆就用掉了呢！」

太太：「老公啊，我在用那些錢時，心裡也是很疼的呢！」

先生：「親愛的，那是我錯怪你了。不過，你到底把錢花在哪兒了呀？」

太太：「買新衣服啊！」

先生：「一下子就用了那麼多錢，難道你不會在意嗎？」

太太：「會啊，還有一條裙子我就不敢買了！」

⇨狡辯有時會帶來幽默的效果，問題是在拿捏之間的智慧。

◎ 何必都寂寞

　　傍晚，妻子對丈夫說：「親愛的，你今天不要去酒吧和那些無聊的人鬼混了，留我一個人在家裡太寂寞了。」

　　「是啊！這我能理解。可是，莉莎，如果我待在家裡，那麼我們兩個人都會很寂寞的。」

⇨我們最大的情敵，不是第三者，而是歲月。

◎ 沒有妻子的生活

　　兩個男人在談論自己的妻子。

　　甲男人：「你是否想過，如果沒有老婆，咱們的生活會怎樣？」

　　乙男人：「開銷會更少，你呢？」

　　甲男人：「我嘛，開銷可能會增加哦！」

⇨物質生活不是婚姻的唯一內容，畢竟人不能只靠吃飯活著。

◎ 事實相反

　　妻子：「你這個人太不正經了，每次看見漂亮的女人，簡直就像忘了自己已經結了婚的男人！」

　　丈夫：「剛剛相反，我每次看見漂亮的女人，心裡最深刻最難忘的，就是自己已經結了婚。」

⇨一位哲學家曾說，人的本性就是不斷超越，就是要求新、求異。具體到對婚姻而言，人也許無法將愛和性永遠地聚焦在某個人身上，「天長地久」雖然表達了人的美好願望，卻不太現實。

◎ 重溫舊情

一對夫婦正準備睡覺，突然發現樓房著火了，兩人驚慌失措地穿過煙霧彌漫的樓道向外跑。這時，丈夫無意中發現妻子臉上掛著近幾年從未有過的甜蜜微笑。

「天哪！現在是什麼時候，你還笑得出來！」

「我實在太高興了啊！」妻子笑著說，「五年多以來，這還是你第一次和我一起出門！」

⇨婚姻是愛情的墳墓，但是如果沒有婚姻，愛情將死無葬身之地。

◎ 規則與習慣

教堂裡在舉行結婚儀式，有人悄悄地問：「為什麼新郎和新娘要手牽手？」

「那是一種規則與習慣，正如兩個拳擊手在比賽之前要握握手一樣。」

⇨如果說愛情是場俘獲，那不妨將婚姻比喻成博弈。如果我們都能以慎重的態度對待我們的婚姻，婚姻的品質將會提高很多。

◎ 禮服布料

妻子買了一塊純白色的布料準備做晚禮服。她歡天喜地地拿給正在看書的丈夫看，並溫柔地問道：「你喜歡這塊布料嗎？」

丈夫漫不經心地答道：「很好，我們的床單實在太舊了！」

⇨理性思維的丈夫關注的更多的是家庭共同的東西，感性為主的妻子
關注的更多的是自身，即使有共同的浪漫，也會有這方面的區別。

◎ 烈馬與駕馭

「蘇格拉底的妻子」是悍婦、壞老婆的代名詞。這個女人心
胸狹窄，冥頑不化，整天嘮叨不休，動輒破口大罵。據說，蘇氏
是為了在她那煩人的嘮叨聲中淨化自己的心靈才與她結婚的。

有人問蘇格拉底：「你為什麼娶了這麼位夫人？」蘇格拉底
回答：「擅長馬術的人總要挑烈馬騎。騎慣了烈馬，駕馭其他的
馬就不在話下。我如果能忍受得了這樣的女人，恐怕天下就再沒
有難以相處的人了。」

一次，他的妻子大發雷霆之後，又朝他的頭上潑了一桶水。
蘇格拉底滿不在乎地說：「雷鳴之後，總免不了下一場大雨。」

⇨務必要結婚：娶個好女人，你會很快樂；娶個壞女人，你會成為哲
學家。婚姻是一所學校：它會將一個男孩變成一個男人。

◎ 祖父娶的女孩

我問一個年輕小夥子是否打算結婚。

他對我說：「我要一直保持單身生涯，一直等到我遇見和我
祖父娶的那樣的女孩子為止。」

「但是現在的女孩和從前可大不相同了啊！」我警告他。

「當然是不同了，」他說，「祖父是在上個月才和她結婚
的，他們是在迪斯可舞廳裡認識的呀！」

⇨有人說婚姻和愛情無關，有人說婚姻和年齡無關。雖然我們不明白婚姻由什麼決定，但有一點是肯定的，在這個日益商品化的社會裡，婚姻肯定和功利有關。

◎ 讓他為難

弗林德夫人執意要請一位寫實畫家為她作畫。

「畫上的我要佩戴鑽石項鍊、綠寶石手鐲、純金耳環和紅寶石掛件。」她堅決地對畫家說。

「夫人，可您實際上並沒有佩戴這些貴重的物品呀。」畫家十分不解地說。

「這你用不著管，」弗林德夫人說，「我這樣做是有道理的。我平時身體不太好，我怕萬一我死得比丈夫早，而他肯定很快就會另娶一個年輕貌美的女人為妻。有了這幅畫，他就難以向新娘講清這些貴重物品的去向了。」

⇨人說，「知夫莫若妻」，當感情並不純粹的時候，那些不純粹的地方就是我們將來要付出的代價，儘管當時並未表現出來。

◎ 有一頭驢

有一對夫妻經常吵架。一天，經過一番激烈的爭吵後，丈夫說：「這到底是為什麼呢？難道我們就不能像兩匹馬一樣，同心協力地拉著人生之車往前奔馳？」

妻子回嘴道：「這不可能。」

「為什麼？」

「因為我們當中有一個是頭驢子。」

⇨人說「門當戶對」的婚姻還是有道理的。夫妻雙方如果差距太大，是根本走不到一起的。即使在一起，也長久不了。

◎ 遺囑

一八四一年，海涅跟巴黎皮貨店的一個女營業員歐仁妮結了婚。這是一個不幸的結合。歐仁妮沒有受過教育，愚蠢無知而且虛榮心極強。海涅對她的愛情沒有能夠使她克服自己的缺點。

詩人臨死的時候，把所有的財產都留給了她，條件是她必須再嫁一個人之後才能得到。「這樣，至少會有一個人會因為我的死而感到遺憾。」海涅這樣解釋說。

⇨「江山易改，本性難移。」對於愛情和婚姻，一定要找一個適合你的人，而不要去改變一個人來適合你。

◎ 粗心的教授

費爾丁教授向來粗心大意。妻子讓他把一包垃圾順道丟到樓外廢物箱裡，他卻糊塗地提著上了地鐵，又到了實驗室，最後又提著回了家。

妻子大吃一驚：「你提著什麼？」

費爾丁說：「哎呀，垃圾忘了丟了。」

妻子拿過來一看，更加吃驚：「你從哪兒拿回一包火腿？」

⇨糊塗的人到處都是，雖然說難得糊塗，但遇到一個生活糊塗的老公可不是件太舒心的事情。好在如果他對感情不糊塗，剩下的就是要對事情交代清楚了。

◎ 高科技

戈巴契夫訪美，雷根邀其享用美國最新科技成果：全自動超舒適馬桶。用畢，戈巴契夫從心底讚歎，暗下決心：我國也要研製。回國後，一個攻關部門成立了，進展順利。可是，雷根突然訪蘇，戈巴契夫措手不及，召開緊急會議，給攻關部門立下軍令狀：三天後必須製出。三天後，報曰：可也。戈巴契夫遂與雷根會談，久久不見雷根有便意，左右加巴豆(一種瀉藥)於咖啡杯給雷根飲，終於，雷根入廁。

雷根端坐馬桶之上，事畢，感到的確舒適如意，心想，蘇聯的確厲害，這麼短時間就研製出這麼舒適的馬桶。不行，我得好好研究一下，為我國的發展提供第一手資料。於是，雷根又一次掀開馬桶蓋，扭了一下按鈕，只見，馬桶下伸出一隻手，將雷根的臉仔仔細細地又抹了一遍。

⇨也許表面上和科技的效果一樣，但實際上並不能達到科技進步解放人力資源的目的。

◎ 一條想像中的線

一次，德國政治家瓦爾特・烏布利希（一八九三～一九七三年）為了吹噓他們的國家繁榮昌盛，造聲勢說：「一個空前的太平盛世，已經出現在地平線上。」

「妙極了！」他的助手附和著說，「可空前的太平盛世，真的已經出現在地平線上了嗎？」

「毫無疑問，」烏布利希說，「你知道詞典裡是怎麼解釋『地平線』的？一條想像中的線，一走近它，它就退遠了。」

⇨吹噓者總是使用語意不清和模棱兩可的話語，來為他們的誇大其辭作為掩飾或偽裝。

◎ 更大的榮耀

　　戴奧珍尼斯是古希臘有名的諷刺哲學家。有一天，他來到柏拉圖家中。他從不穿鞋，兩腳很髒，就這樣在柏拉圖的地毯上來回走動，並說：「我在踐踏柏拉圖引以為榮耀的東西。」柏拉圖說：「這倒是真的，可是我得到了更大的榮耀。」

⇨敢於諷刺榮耀是高明的，可坦然接受對於榮耀的諷刺又更高明些。

◎ 肯定射不中

　　一位諷刺哲學家看到一個技巧不高明的人在射箭，他就坐在靶子上。他說：「這是最安全的地方，他肯定射不中我。」

⇨有力的諷刺用行動來表達再好不過，可這卻需要無比的勇氣。

◎ 最優美的氣喘

　　十八世紀最著名的歌劇演員索菲‧阿諾爾德再也不能自如地運用她的嗓子了。儘管如此，她在舞臺上的那種嫵媚的風姿和迷人的身段，仍然吸引著大量的觀眾。

　　一次，義大利經濟學家加利亞尼（一七二八～一七八七年）出席了她的音樂會後，她問這位在音樂鑒賞方面也相當權威的觀眾，她的演唱如何？加利亞尼說：「這是我一生中聽到過的最優美的氣喘。」

第7章

幽默要方法

　　幽默是一種特性，一種引發喜悅，以愉快的方式娛人的特性；幽默是一項指標，一項衡量人心的智力水準的指標。與人交往，方法中藏些鋒芒的核，或者說鋒芒外包點技巧的衣，能造成幽默輕鬆然而又不失自尊的效果。方法是建構幽默資本大廈必不可少的磚瓦。

1 · 荒謬話語：使人產生一種錯覺

　　這種幽默的生命，不但在於人物在一點上著迷，而且在於不管怎樣走向極端，著迷點不但不會消失，而且會增強。並不是一切真癡真呆都能構成幽默，也不是一切真癡真呆的幽默有同樣的水準。要使真癡真呆顯出奇趣，起碼得設法使其傻言蠢行導致顯而易見的荒謬。荒謬有結果自然重要，但更重要的是導致荒謬的過程，要讓讀者看到荒謬的前因和後果之間的邏輯關係是如何被一步又一步、一個環節又一個環節歪曲的。

　　要找到一個荒謬的前提就很難，難就難在它雖然是荒謬的，

但是在故事中人物卻是很真誠的。如果他不真誠地信守虛假的前提，就不是真癡真呆了。

　　清朝程世爵編的《笑林廣記》中有一個《瞎子吃魚》的故事。說是一群瞎子搭伙吃魚，魚少人多，只好用大鍋熬湯。魚都蹦到鍋外面去了，瞎子也不知道。他們都沒吃過魚，不知魚的滋味。大家圍在鍋前，喝著清水湯，齊聲稱讚：

　　「好鮮湯！好鮮湯！」

　　魚在地下蹦到一個瞎子的腳上，這個瞎子才大叫起來：「魚不在鍋裡！」眾瞎子感歎起來：「阿彌陀佛，虧得魚在鍋外，若是真在鍋裡，我們都要鮮死了。」

　　明明是清水湯，沒有魚，瞎子卻在稱讚「好鮮湯」，這是這個故事荒謬的前提。這自然是一種誇張的幻覺，但也不能完全胡吹，也得有點根據，於是把吃魚的人設計成瞎子，讓他看不見，又特別說明他們從未吃過魚。如果沒有這兩點，這個前提就不能成立了。前提不能成立，以上故事的邏輯基礎就垮了。

　　這故事真正荒謬之處是一種錯覺，一種主觀的著迷，而並不是自我欺騙，因為這是真誠的。正因為這樣，它著迷得很有趣。但是光有這麼一點著迷，效果還很有限，還不夠勁兒，還得讓效果放大一下，讓瞎子的邏輯荒謬更強烈一些才成，於是便有下面的高潮：原來不知無魚，覺得鮮，還情有可原，現在明明知道沒有魚，鮮的錯覺不但沒有消失，反而引出了沒被鮮死的慶幸。

古代好幾本笑話書中都有劉伶嗜酒的故事：其友（或妻）答應讓他醉個夠，乃以缸蒸酒，酒成，推其於缸中，蓋之。

過了三天，聽不見缸中動靜，以為劉伶這下滿足了。打開缸一看，劉伶醉醺醺地坐在酒糟上，半天才把頭抬起來說：

「你說要讓我醉個夠，卻讓我坐在這裡閒著幹什麼？」

嗜酒是一種著迷，這並不幽默，幽默產生於迷至極端乃生幻覺。明明浸入酒缸三天把酒喝完了，還覺得沒有喝。在通常情況下人皆可能著迷，但條件稍有變化人們就自己明白了，也就是悟了，但於幽默之道則不然。

一點著迷屬於真癡真呆之法，其中效果最強烈者，原因是迷而不悟，即使迷到極點仍然不改其迷。

2・偷樑換柱：把原來的意思偷換掉

「偷樑換柱」就是把概念的內涵作大幅度的轉移、轉換，使預期失落，產生意外。偷換得越是隱蔽，概念的內涵差距越大，幽默的效果越是強烈。幽默是一種情感思維方法，它與人們通常的理性思維方法有相同之處，也有不同之處。對相同之處，人們不用細心鑽研，就可以自發地掌握；而對於不同之處，許多幽默感很強的人雖然已經掌握，但不知其所以然，而幽默感不強的人則往往以通常的思維方法去代替幽默的思維方法，其結果自然是幽默感的消失。

幽默的思維和通常的理性思維至少在兩個方面是不同的：第

一，在概念的使用和構成上；第二，在推理的方法上。這裡主要講概念在幽默中的特殊表現。

通常，人們進行理性思維的時候有一個基本的要求，那就是概念的含義要穩定，雙方討論的必然是同一回事，或者自己講的、寫的同一個概念前提要一致。如果不一致，就成了聾子的對話——各人說各人的。如果在自己的演說或文章中，同一概念的含義變過來變過去，那就是語無倫次。

看起來，這很不可思議，但是這恰恰是很容易發生的。因為同一個概念常常並不是只有一種含義，尤其是那些基本的常用的概念往往有許多種含義。如果說話、寫文章的人不講究，常常會導致概念的轉移，雖然在字面上這個概念並沒有發生變化。

在科學研究、政治生活或商業活動中，概念的含義在上下文中發生這樣的變化是非常可怕的。因而古希臘的亞里斯多德在他的邏輯學中就規定了一條，思考問題時概念要統一，他把它叫做「同一律」。違反了這條規律，就叫做「偷換概念」，也就是說，字面上你沒有變，可是你把它所包含的意思偷偷地換掉了，這是絕對不允許的。

可是幽默的思維並不屬於這種類型，它並不完全是實用型、理智型的，它主要是情感型的。而情感與理性是天生的一對矛盾，對於普通思維是破壞性的東西，對於幽默感則可能是建設性的成分。

老師：「今天我們教減法。比如說，如果你哥哥有5個蘋果，你從他那兒拿走3個，結果怎樣？」

孩子：「結果嘛，結果他肯定會揍我一頓。」

對於數學來說，這完全是愚蠢的，因為偷換了概念。老師講的「結果怎樣」的含義很明顯是指還剩下多少的意思，屬於數量關係的範疇，可是孩子卻把它轉移到未經哥哥允許拿走他的蘋果的人事關係上。

然而對於幽默感的形成來說，好就好在對這樣的概念默默地轉移或偷換。仔細分析一下就可發現這段對話的設計者的匠心。他本可以讓教師問還剩餘多少，然而「剩餘」的概念在這樣的上下文中很難轉移，於是他改用了含義彈性比較大的「結果」。這就便於孩子把減去的結果偷偷轉化為拿蘋果的結果。可以說，這一類幽默感的構成，其功力就在於偷偷地無聲無息地把概念的內涵作大幅度的轉移。

3・機械模仿：不管變化生搬硬套

機械模仿法就是在瞬息萬變的生活中，不管情境如何變化，把運用於某一事物的東西生搬硬套在另一事物上，只是機械地模仿，使其笨拙可笑。

柏格森在他的《論笑》一書中指出，滑稽是「鑲嵌在活東西上的機械的東西」。在瞬息萬變的生活中，突然插進一個機械死板的表現當然好笑。在卓別林表演的喜劇中，利用人物的機械僵化表現出的笑話，俯拾即是。有一個電影片斷即為：在高度機械化、自動化的流水線上，一個工人的全部動作都被扳螺絲釘的動作同化了，以至於他看到女人衣服上的紐扣也要當螺絲釘去扳一

下，結果笑話百出。

有一個學生，這天先生教給他三個字「你、我、他」，並用它們造句。「你，你是我的學生；我，我是你的先生；他，他是你的同學。」

學生回家後高興地把這些告訴了父親，指著父親說：「你，你是我的學生；我，我是你的先生。」他又指了指他的母親，「她，她是你的同學。」

父親聽了很氣憤：「我怎麼是你的學生呢？我，我是你的父親；你，你是我的兒子；她，她是你的媽。」

受了委屈的學生，來到學校，責怪先生：「先生，您教錯了，應該是這樣的：你，你是我的兒子；我，我是你的父親；她，她是你的媽。」

這位學生與他的父親都是傻到家了，不懂得情境的變化應導致語言表達的變化，機械刻板，乖傻可笑。

有一個小夥子不善言談。一天，鄰居家生了個兒子，大家都去祝賀，他也去了。父親特地叮囑他，千萬不要在席間說出不吉利的話，他高興地答應了。

席間，他一言不發，只管喝酒吃肉。直到吃完了，有人問他為何不說話，他一本正經地說：「你們見了吧，我今天可什麼也沒說，這個孩子要是死了，那可不關我什麼事！」

小夥子雖然席上什麼也沒說，可結尾處的假設還是沒有顧及

到「此時不該說的話」，叫人哭笑不得。

> 湯姆：「我看這位新來的數學教師不怎麼樣。」
> 比爾：「爲什麼？」
> 湯姆：「昨天他對我們說5＋1＝6。」
> 比爾：「錯在哪兒呀？」
> 湯姆：「可他今天又說4＋2＝6。」

不懂得變通，只知一味機械記憶，也產生了一種愚蠢可笑的幽默效果。

威利的兒子到姑姑房間裡玩，回到爸爸身邊時拿著一小袋糖，說是姑姑給的。爸爸問：「你說了『謝謝』沒有？」

「啊，忘了。」兒子馬上又跑到姑姑房裡去道謝，回來以後對爸爸說：「其實我不用去謝姑姑。」

「爲什麼呢？」爸爸問。

「姑姑說，『好孩子，不用謝』。」

孩子們的思維一般是簡單的直線型的，表現出一貫性，童言童語也常常因此而鬧出笑話。

✦ ・歪曲經典：對經典做荒謬的解釋

歪解經典就是利用眾所周知的古代或現代經典文章、詞句作

背景，然後做出歪曲的、荒謬的解釋，新舊詞義、語義之間距離越大，越滑稽詼諧。

在導致荒謬的辦法中，喜劇性效果比較強的要算歪解經典，因為經典最具莊嚴意味，語言又多為人所共知，一旦小有歪曲，與原意的反差就分外強烈。

在我國，古典書籍多為文言，與日常口語相去甚遠，通常情況下，不要說加以歪曲，就是把它譯成現代漢語的口語或方言，也可能造成極大的語義反差，產生不和諧之感而顯得滑稽。如一首唐詩中寫到一個男子為一個姑娘所動而尾隨之，寫得很有詩意。可是，如果把它翻成現代漢語的「盯梢」，不但一點沒有詩意，反而顯得很不正經了。又如，一個語文工作者把唐朝這種輕薄青年翻譯為現代漢語的「阿飛」，就變得極其滑稽了，這是由於古典詩歌的莊重或浪漫的詞義在國人潛在的、共同的意識中是相當穩定的，在千百年中已經沉積在人們的無意識中，只要在語義上、風格上稍有誤差，人們都十分敏感，以致在還沒有來得及意識到為什麼時，就可能忍俊不禁了。

寫於唐代的《唐顏錄》中載有北齊高祖手下有一個幽默大師叫石動筒，他就很善於用歪曲經典的辦法在鬥智性的幽默中取勝。

有一次石動筒去參觀國子監，一些經學博士正在論辯，正說到孔子門徒中有七十二人在仕途上能夠伸展自己的抱負。

石動筒插進來問：「七十二人中，有幾個是戴帽子的，有幾個是不戴帽子的？」博士說：「經書上沒有記載。」

石動筒說：「先生讀書，怎麼沒有注意孔子的門徒：其中

戴帽子的是30個，不戴帽子的是42個。」博士問他：「根據什麼文章？」石動筒說：「《論語》上不是說『冠者五六人』，五六三十也；『童子六七人』，六七四十二也，一共豈不是七十二人嗎？」

本來孔夫子在《論語》中是和曾子等得意門生談論自己志向和理想的，說的是能夠帶著五、六個青年（年紀長大到可以戴帽子的）和少年六、七人，自由地在河邊田野的風中漫遊，就很如願了。這是《論語》中很有名的一篇，可是石動筒在這裡把約數「五到六人」和「六到七人」，曲解成五六和六七相乘以後，又和孔子門徒賢者七十二人附會起來，這顯得很不和諧，不過卻充滿了詼諧的意趣。

這石動筒的故事在唐朝的《唐顏錄》中很多，下面是歪曲另一經典著作《孝經》的：

北齊高祖有一次會集儒生開討論會，會上辯論很是熱烈。石動筒問博士道：「先生，天姓什麼？」博士想北齊天子姓高，因而回答：「姓高。」石動筒說：「這是老一套，沒有什麼新鮮。藍本經書上，天有自己的姓。你應該引正文，不要拾人牙慧。」博士道：「什麼經書上有天的姓？」

石動筒說：「先生，你根本不讀書，先生不見《孝經》上說過：『父子之道，天性也』，這不是說得明明白白：天姓『也』嗎？」

石動筒在這裡歪曲經典的竅門是用了「性」與「姓」的音。特別是「也」在原文中是語氣虛詞，沒有任何實義，石動筒違反規律地把虛詞實詞化了，顯得特別牽強附會，因而就特別滑稽。

司馬遷的《史記》中有一句名言，叫做「一諾千金」，說是秦漢之際，和劉邦一起打天下的武將季布，只要他一答應，多少金錢也無法改變。有個笑話歪曲地解釋了這個典故：

有一位女士問先生：「『一諾千金』怎麼解釋？」

先生說：「『千金』者，小姐也；『一諾』者，答應也。意思是：小姐啊，你就答應我一次吧。」

把歷史英雄的典故，通過詞義的曲解變成眼前求愛的語言媒介，兩者之間距離有多遙遠，則滑稽的程度就有多大。對於立志談吐詼諧者，對這一規律應當深深領悟。一般人即使要作暗示性的表達，也都易傾向於進取譬。然而進取譬容易抒情，卻不容易產生不和諧、不恰當的滑稽感和詼諧感。要使自己的講話有諧趣，則應從不甚切合的遠處著眼，以遠取譬為上。古代典籍之於凡人，一般距離都十分遙遠。既遙遠而又歪曲，自然容易生諧趣。古與不古不是問題的最關鍵之處，最關鍵的仍然是曲解。

5・強詞奪理：把無理的說成有理的

「強詞奪理」是指在各種交往中，因為種種原因而明顯不合理的一方，總要想方設法找出理由，證明自己是合理的，因為這

理由本身的不合理性，幽默就在這中間產生。

　　一般來說，陷入困境的人們都急於想掙脫出來，這當然需要技巧。你完全可以從你授人以柄的話語出發，機智巧辯，強詞奪理，硬要把無理說成有理，把錯說成對，以此來自我保護。而在不利的環境中，越是帶著自我保護色彩，越能輕易地從中脫身，幽默的成分自然也越多。這種情形在日常交往中更容易表現出來，因為日常交往一般是輕鬆、和諧的，如果你偶有失策，陷於被動，完全可以強詞奪理，以充分的幽默感來加以掩飾。

　　一名電腦推銷商正在費盡口舌，企圖說服一個男人購買他的電腦：「我賣的這款電腦是目前最先進的，能回答你提出的任何問題。」

　　「那好。」那個男人不耐煩地說，「問它知不知道我的父親在哪兒？」推銷商將問題輸入電腦，數秒鐘後電腦顯示如下資訊：「他目前正在蘇格蘭釣魚。」

　　「搞錯了吧，我父親早在三年前就去世了！」

　　推銷商聳聳肩：「沒錯，你母親的老公是在三年前去世的，但是你的親生父親此刻確實正在蘇格蘭釣魚。」

　　推銷商為售出電腦，難免誇大其辭，對電腦的性能吹噓一通。面對顧客的責難，推銷商想隨意敷衍了事，不料卻落入顧客的質問，顯得十分狼狽。他沒有驚慌失措，而是巧妙地利用「母親的老公」和「親生父親」兩者間的不完全同一性，強詞奪理，為顧客生造出一個「父親」，產生意想不到的幽默效果。當然，

這種強詞奪理未免有些過火，他自己雖能巧妙脫困，卻可能得罪顧客，不免要功虧一簣。

推銷商的強詞奪理雖然運用稍顯失當，可他的確給我們提供了一個擺脫困境、製造幽默的思路：運用一些不成其為理由的理由，在適當的環境中就可以脫困、幽默兩者兼得。

當你一不小心掉入語言的陷阱而十分狼狽時，你可能無計可施，弄得臉紅脖子粗；可能憤怒或沮喪；可能手足無措。但是這一切都於事無補，你還得另想辦法。這時，客觀情境的嚴酷十分需要你調動思維的潛力，做出超常的發揮。因為你的精神處於一種十分亢奮、活躍的狀態，說出的話往往機智而又幽默，讓人在笑聲中忘記你曾有過的狼狽。

強詞奪理通常是你精神亢奮狀態過程中極易閃現的念頭。俗話說：「從哪兒跌倒，就從哪兒爬起來。」你在「理」上陷於被動，最好的辦法當然是把「理」奪回來，不管是「強詞」也好，還是「巧詞」也好，只要能通過調侃自己或調侃他人而擺脫困境就行了。

強詞奪理其實就是「無理而妙」。明明是無理的東西，你偏偏把它說成有理，這自然有悖於生活的常規，也不符合邏輯的推理。但是，有時候離生活的真實越遠，反而越具有幽默性。越和現實相協調，幽默越不可能存在。幽默就這麼回事兒！

6・張冠李戴：轉移對方的原意

對方明明說的是甲事，我偏偏當他是說乙事；對方明明是這

種意思，我卻故意誤認為另一種意思，這就是「張冠李戴」。

生活中，我們常常免不了與別人發生一些小衝突。有時是對方故意挑釁，找岔子；有時是雙方無意間撞到一起，產生了小摩擦；有時是自己不小心觸犯了別人，人家不肯甘休……

總之，不是什麼大是大非的矛盾，基本上都是雞毛蒜皮的小疙瘩。如果大動干戈，如臨大敵似地去對付，未免太小題大做，徒然浪費自己的時間、精力。但是，如果置之不理，卻也痛癢相關，坐臥不寧。這時候，張冠李戴幽默術就可以大顯身手。它故意將對方的意思轉移到別的事物或人身上，使其產生明顯的不和諧，讓笑聲將衝突消解於無形。

張冠李戴幽默術的運用，大致有以下兩種情況：

第一種情況，對方有意挑釁，試圖讓你感到難堪。這種情況下，最有效的辦法是把「冠」直接給他「戴」回去，讓他「自吞苦果」。由於預期與現實的差異性和戲劇性，幽默也隨之而生。

第二種情況是雙方無意間發生衝突，或自己不小心觸犯別人而遭到責怪。這時候進行的回擊不能像第一種情況下那樣鋒芒畢露、咄咄逼人，而要儘量地縮小影響，轉移矛盾。使用張冠李戴時也要儘量避免直接「戴」回對方，而是「戴」到一個與雙方都沒有關係的第三者身上。因為只要「戴」得巧妙，幽默的意味就自然流露出來。

公共汽車突然剎了一下車，車上的乘客全都猛地一晃。一個青年腳下不穩，直接撞在一個姑娘身上。姑娘橫眉豎目：「你怎麼這副德性？」青年忙道：「不，小姐，是慣性。」

姑娘說「德性」，是責怪青年行為不妥，有缺德之嫌。青年卻巧妙地藉一個「性」，故意理解為物理上物質的某種屬性，再加以否定，代以「慣性」這一物理專業名詞，既避免了與姑娘的爭執，又委婉地解釋了這一意外的原因，說明責任並不在自己身上，從而平息了姑娘的怒氣，消弭了一場可能發生的衝突，並且讓笑聲在車廂內蕩漾。

　　總而言之，張冠李戴幽默術在引人發笑的同時，既可以有效地駁回惡意的攻擊，也可以緩和因誤解而產生的嫌隙。至於怎樣恰當地利用它的這種雙刃的作用，使用者要視具體情況而定。

7 · 顛倒錯位：違反常理，順手移位

　　「邏輯」有悖於常規，於是產生歪理，幽默的素材便在「歪理」中滋長出來。有一個相聲講了這樣一個故事：

　　甲乙兩人相逢，一見如故，握手言歡，問寒問暖。待兩人很是親熱了一番之後，突然發現對方竟是陌生人！於是，兩人異口同聲地問道：「請問尊姓大名？」

　　作為相聲裡的材料，這個故事是富有幽默感的。那麼它的幽默感是怎樣產生的呢？它顯然是將事物正常的握手順序易了位，違反了常理。在日常生活中，人們總是先互相認識再彼此親熱的，而故事中的甲和乙還沒弄清對方的尊姓大名就忙於問安言歡，這就是顛倒了人們相識的一般規律，與人們的正常邏輯不協

調，於是幽默感應運而生。

有個人做了個夢，夢見朋友請他去喝酒看戲。大家剛入席，酒也斟滿了，菜也端上來了，戲也開場了，可是他被老婆叫醒了。於是，他把老婆好生一頓臭罵。老婆說：「別罵了，你還是趕快再去睡吧！可能現在戲才演到一半哩！」

這個人可能是個饞鬼，捨不得夢中的一桌酒席。可是好夢未圓，就被老婆打破了，他怎能不惱？這人也夠癡的，夢境豈能當真？即使夢接著做下去，他欣賞的也不過是水中月、鏡中花，品嘗的也不過是不能充饑的畫餅。但故事發展到此還沒有多少幽默味，只是一般的譏諷癡人。他老婆的答話，為這則故事起到了畫龍點睛的作用。她以夢為真，讓丈夫接著做夢，到夢中去找回剛才失去的快樂，顯得十分荒誕，幽默感便由此而來了。

8 · 位移真義：把重點轉到另一主題

人們總希望自己能言善辯，能夠妙語連珠、幽默詼諧地和周圍的同事、朋友們交談。或許，位移真義法這種幽默技巧能為你的交談增色。

位移真義法就是思想傾向的偏離，把心理重點移到另一主題上，而不是原來的主題上。人們常用這樣的詞詢問，如怎麼、怎麼樣、什麼樣等等，對於這類問題的回答，位移真義法往往會帶來意料不到的幽默和機智效果。

人們說的話，往往字面意義與說話人想表達的意義並不完全一致，我們暫且稱它們為表義和真義。將說話人的真意棄之不顧，而取其表義，是位移真義法的根本技巧。

　　有個女孩子到雜誌社的編輯部對休閒版的主編說：「我有個笑話要投稿，請你們在雜誌上發表。」

　　總編看過稿子後，說：「小姐，可這笑話有些冷。」

　　「沒關係的，你們就在夏天發表吧。」

　　在這裡，總編輯說的表義是笑話有點冷，而真義是這笑話不適於發表。儘管姑娘對真義很清楚，但她故意置之不顧，拾起話的表意，很機智地幽默了一番。這也是採用了位移真義法的幽默技巧。

　　每個人說話，都有一定的前提，並且這些前提往往是大家都承認的，被心照不宣地省略掉了。位移這些前提，需要敏銳的頭腦和很強的邏輯推理能力。以位移真義法位移前提而成的幽默往往會引得人讚不絕口。

　　房客對房東說：「我沒法再忍受下去了，這屋頂只要一下雨，就會不停地往我房間裡漏水。」

　　房東反駁說：「您還想怎麼樣？就您那一點點房租，難道還想漏香檳不成。」

　　這的確是個很精湛的幽默，房客的真義是「不論漏什麼都有

礙於他」。但是老練的房東故作懵懂不知，將它位移為「漏香檳比漏水要好，漏水次之。」

如果能辨明真義與表義，平時，就可以應用這種位移真義法製造出很多幽默來。如果有人用很具體的事實抱怨你，比如你請客，朋友戲謔說你的酒摻了水，你不妨試著用此法幽默一番。

笑聲會使人心情開朗，容光煥發，而幽默則會給你帶來笑聲、歡顏。生活中處處都有幽默，只要擁有一顆幽默的心，你就能抓住它。

9・類比幽默：把不相干的事放在一起

類比幽默法是指把兩種或兩種以上互不相干甚至是完全相反的、彼此之間沒有歷史的或約定俗成的聯繫的事物放在一起對照比較，顯得不倫不類，以揭示其差異之處，即不協調因素。

在類比幽默中，對比雙方的差異越明顯，對比的時機和媒介選擇越恰當，所造成的不協調程度就越強烈，對方對類比雙方差異性的領會就越深刻，所造成的幽默意境也就越耐人尋味。

人們的日常生活和科學研究一樣，分類都是約定俗成、得用同一標準的，否則，必然造成概念的混亂，導致思維無法深入進行。人們從小就被訓練掌握這種最起碼的思維技巧，如豬、牛、羊、桃就不能並列在一起，人們會把桃刪去，這是科學道理，但並不幽默。

在類比分類時要產生幽默的趣味恰恰要破壞這種科學的邏輯規律，對事物加以不倫不類的並列。

類比幽默法自古就是我國人們常用的基本幽默手法，它能使人在會心的微笑或難堪的情況中開啓心智，受到教育。

甘羅的爺爺是秦朝的宰相。有一天，甘羅看見爺爺在後花園走來走去，不停地唉聲歎氣。

「爺爺，您碰到什麼難事了？」甘羅問。

「唉，孩子呀，大王不知聽了誰的挑唆，硬要找個母雞報曉啼叫，命令滿朝文武想法去找，要是三天內找不到，大家都得受罰。」

「秦王太不講理了。」甘羅氣呼呼地說。他眼睛一眨，想了個主意，說：「不過，爺爺您別急，我有辦法，明天我替您上朝好了。」

第二天早上，甘羅眞的替爺爺上朝了。他不慌不忙地走進宮殿，向秦王施禮。

秦王看了小不點一眼，很不高興地說：「小娃娃到這裡搗什麼亂！你爺爺呢？」

甘羅說：「大王，我爺爺今天來不了啦！他正在家生孩子呢，托我替他上朝來了。」

秦王聽了哈哈大笑：「你這孩子，怎麼胡言亂語！男人家哪兒能生孩子？」

甘羅說：「既然大王知道男人不能生孩子，那母雞怎麼能報曉呢？」

本來秦王的母雞報曉已夠荒謬，就當時來講，從理性上說服

秦王是很難的，因此甘羅就以謬對謬，將兩個同樣荒謬的事物並列在一起，就揭示了秦王要求的不可行性，顯出極不協調感，這樣幽默之趣油然而生。這是古人類比幽默中的精品。

由於類比幽默的方法簡便，在現代人們的社交活動中，可以廣泛地用做自我調侃和朋友之間的戲謔。

類比幽默雖說簡單，但也需要智慧和超脫精神，否則是很難發揮出來的。

一個吝嗇的老闆叫僕人去買酒，卻沒有給他錢，僕人問：「先生，沒有錢怎麼買酒？」老闆說：「用錢去買酒，這是誰都能辦到的，如果不花錢買酒，那才是有能耐的人。」

一會兒，僕人提著空瓶回來了。老闆看了十分不高興地大聲責罵道：「你讓我喝什麼？」

僕人不慌不忙地回答：「從有酒的瓶裡喝到酒，這是誰都能辦到的，如果能從空瓶裡喝到酒，那才是真正有能耐的人。」

花錢買酒與空瓶裡喝酒一類比，其內在就出現了針鋒相對的矛盾，諧趣頓生。老闆搬起石頭砸自己的腳，同時也表現出了僕人的智慧。

這裡不但表現出類比幽默的手法，同時有返還幽默的形式在內，即以其人之道還治其人之身。可見，幽默的表現形式往往不單一使用，而是幾種幽默形式的交叉使用。

類比幽默的方法很簡便，在社交活動中，被廣泛運用：

星期六，一個小夥子進城賣雞蛋，他問城裡常打交道的蛋販子：「今天的雞蛋，你們給多少錢一個？」

蛋販子回答：「兩毛。」

「一個才兩毛！這價眞是太低了！」

「是啊！我們蛋販子昨天開了個會，決定一個雞蛋的價格不能高於兩毛。」

小夥子很難過地搖搖頭，但只以這個價錢好賣掉。

過幾天，小夥子又進城來了，還是上週這個蛋販子，他看看雞蛋，說：「這雞蛋太小了。」

「是啊！」小夥子說，「我們的母雞昨天開了個會，牠們做出決定，因爲兩毛錢實在太少，所以不能使勁下蛋了！」

一個是「人會」，一個是「雞會」，並列一比，絕妙橫生。

類比幽默的幽默感是「比」出來的，其情趣也是「比」出來的。這樣就有利於對方的心理接受。

有一位中學生，成績很好，幾乎每次考試都是全班前兩名。有次考到第五，她媽媽十分生氣地說：「去年我爲你感到驕傲，這次你怎麼了，你曾經是班上考得最好的呀！」

女兒微笑著說：「每個同學的媽媽都想爲自己的孩子考第一而驕傲。如果我老是第一，他們的媽媽可怎麼辦呀？」

得第一的學生媽媽的心情和成績差的學生媽媽的心情並列相比，兩種心情完全相反，其趣就生於此。

10 · 一語雙關：表面說此實際說彼

運用語言文字上的同音或同義關係，使字詞或句式同時涉及兩件事，表面上說此實際上說彼，這是使用頻率很高的雙關法。雙關能使表達生動活潑，委婉含蓄，耐人咀嚼，餘味無窮。

古代有這樣一則故事，說的是一位縣官，帶著隨員騎馬到王莊處理公務，走到岔路口，不知該選哪條路，於是，大聲地問一個過路的老人：「喂，老頭，到王莊怎麼走？」那農夫不睬不理，只是趕路。縣官大聲要他停下。

農夫說：「我沒時間，我要去劉莊看一件古怪的事。」

縣官問：「什麼古怪的事？」

農夫一板一眼地說：「劉莊有匹馬下了一頭牛。」

「真的？馬怎麼會下牛呢？應該下馬才對啊！」縣官感到莫名其妙。

農夫煞有介事地說：「世上的怪事多著哩，我怎知道那『畜生』為什麼不下馬呢？」

面對無禮的縣官，農夫機智地運用語義雙關指著「畜生」去斥責縣官，其罵法實在高明。

雙關是一種絕妙的幽默武器，運用時要堅持文明表達、以理服人的原則，格調高尚文雅，內容純淨正派，要以德勝人、以理服人，切忌粗俗低級，更不能像潑婦罵街。

11 · 正反對比：在心理上形成落差

俗話說：不比不知道。對比能使我們在平凡中發現特異，在正常中發現荒誕。對比還能形成差異，造就矛盾。如果把人生比作舞臺，對比使我們看到了不同人對自己角色的演繹，看到了同一個人在不同場景中的表演，我們在觀看演出時，常會發出會心的微笑。

英國前首相邱吉爾一次應邀到廣播電臺發表重要演講。途中車出了故障，他從路邊招來一部計程車，對司機說：「載我去BBC廣播電臺。」

「抱歉，我不能去，我正要趕回家聽收音機，聽邱吉爾的演講呢！」司機說。

邱吉爾非常高興，馬上掏出幾張英鎊給司機。

司機一見有那麼多的錢，也很高興，他叫道：「老兄，上車吧！誰去管那個該死的邱吉爾。」

這兩幕場景的對比或許會使邱吉爾尷尬，但我們卻覺得非常幽默。

愛因斯坦在未成名時衣著寒磣。一次，有一個熟人在紐約街頭見到他，便問：「你怎麼穿得這樣破舊？」

愛因斯坦回答說：「這裡反正沒有人認識我。」

過了幾年，愛因斯坦一舉成名以後，那個熟人在紐約街上

碰到他，驚異地問：「你怎麼還穿得這樣破舊？」

愛因斯坦笑著回答：「反正這裡的人都認識我。」

在這裡，對同一個問題，兩個相反的回答構成了對比。在對比中，我們充分感受到了愛因斯坦的瀟灑風度與幽默感。

有一天，八仙之一鐵拐李，從一座小橋上走過，這座橋是用兩根木頭拼成的，一根高一根低。鐵拐李走過，正好湊合他那一長一短的瘸腿，比走在平地上更平穩。於是，他滿口稱讚：「天下的橋，就算這座橋修得最好了！」

幾天以後，鐵拐李往回走。這一次走的方向恰好和上一次調轉過來，所以橋上那一高一低的木頭就不湊合他的腿了。長腿走在高木頭上，短腿走到低木頭上，比平常瘸得更加厲害了。

他連聲罵道：「天下的橋，就數這座修得最壞了！」

對比總是在人們的心理中造成一種落差，而我們往往會在這種落差中感受到了幽默。

12・設置懸念：設包袱，預作暗示

設置懸念法是幽默的一個重要的技巧，相聲演員管它叫「設包袱」。即以熱切的語調、真實的細節和充滿戲劇性的情節引出你的幽默力量，在關鍵的那句話說出之前，埋下伏筆，預作暗示，讓聽眾「著了你的道」。然後，用關鍵的話一語點破，或叫

解開「扣子」、抖開「包袱」，讓聽者有出乎意料的感覺，於是，幽默的效果就發揮出來了。

公園的椅子上坐著一位老婦人，一個小孩走過來。

「婆婆，您的牙還行嗎？」

「已經不行了，都掉了。」

於是，孩子拿出一包核桃，高興地說：「婆婆，請您替我拿一下，我要去打球。」

這故事的懸念被頑皮的孩子設置得甚是巧妙，令人捧腹。

運用設置懸念法時，有兩個問題需要注意。不要故弄玄虛，讓人不著邊際。設置懸念要巧妙，順理成章，從而達到幽默的效果。否則，「斧鑿」的痕跡太重了，給人以故弄玄虛之感，不僅不顯得幽默，反而使人反感。設置的懸念要緊扣主題，精心設計，恰到好處。

不要急於求成。如果你迫不及待地把妙語趣事說出來，太急於引起聽眾發笑，太早地讓人知道有趣的「謎底」，就會顯得操之過急，太早洩露「天機」，洩露了驚奇，由於鋪墊不夠，火候不成熟，結果也就失去了幽默感。

所以，設置懸念應娓娓而談，不疾不俗，使聽眾對結果有錯誤的預期，有一個緩衝思考的時間，然後再一語道破。但是也不能太慢，慢到使聽眾忘了他所期待和預期的是什麼了。再看以下一則幽默，就是以不同方式埋下伏筆、設置懸念的。

郵遞員送來一份電報，小芬芬用筷子夾著，小心地走進屋裡，說：「爸爸，你的電報。」

爸爸見了，奇怪地問：「你為什麼用筷子夾著？」

小芬芬說：「我怕觸電啊！」

在這則幽默裡，小芬芬用筷子夾電報就是埋下伏筆，設置懸念，最後小芬芬說：「我怕觸電。」就是一語解開了「扣子」。

13‧含沙射影：更高於諷刺意味

羅西尼是十九世紀著名的義大利作曲家。有一次，一個作曲家帶了份七拼八湊的樂曲手稿去向他請教。演奏過程中，羅西尼不住地脫帽。作曲家問：「是不是屋裡太熱了？」羅西尼回答說：「不，我有見到熟人脫帽的習慣，在閣下的曲子裡，我碰到那麼多熟人，不得不一一向他們脫帽致敬。」

對於這位求教的作曲家帶來的七拼八湊的樂曲手稿，羅西尼顯然非常不滿，但他沒有點破對方「抄襲」、「拼湊」，而是用富於幽默的「不住脫帽」的動作和「碰到那麼多熟人」的解釋，委婉含蓄地暗示了自己尖銳的批評意見，這種批評雖不如直說那般鮮明尖銳，但它不僅生動形象，而且幽默、含蓄，更富於諷刺意味而耐人尋味。

有一位青年愛抄襲別人的作品，一天他來到某雜誌社問自

己所投的一首詩能否發表，編輯問他：「年輕人，這首詩是你自己寫的嗎？」

青年答道：「是的，當然是我自己寫的。」

編輯很有禮貌地站起來，向他伸出手來：「那麼，莎士比亞先生，見到您我很高興，我以爲您早已不在人世了呢！」

在這裡，編輯含蓄地暗示了對對方抄襲莎士比亞詩句的嚴厲批評，但他大智若愚，表現得那麼禮貌、熱情，讓人信以爲眞，這就產生了幽默效果。

11·反戈一擊：以眼還眼，以牙還牙

接過對方的話頭，好像要向對方屈服，但突然一個逆順勢而攻，把對方本不想接受的結論用演繹的邏輯硬塞給他。

幽默貴在收斂攻擊的鋒芒，這是指一般的情況而言，在特殊情況下，就不然了。尤其是在極其卑劣的事和人面前，或者對外來的攻擊忍無可忍之時，過分輕鬆的調笑，不但顯得軟弱無能，缺乏正義感，而且會導致對方更囂張的進攻。

在這種情況下，再不以眼還眼、不以牙還牙，就會喪失人格。這時的攻擊鋒芒，不但不可鈍化，而且應該銳化。越是銳化，越是淋漓盡致，越有現場效果。而現場效果最強的方法則是反戈一擊法。

蘇格蘭詩人彭斯，見到一個富翁被人從河裡救起來，而那個冒著生命危險救了富翁的窮人，得到的只是一個銅元的報酬。

圍觀者群情激憤，都想把這個富翁重新丟到河裡去。

　　這時，彭斯對眾人說：「放了他吧，這位老兄太了解自己那條命的價值了！」

　　彭斯的幽默是很有戲劇性的，表面上他扭轉了眾人的激憤，實質上他比眾人更加蔑視這個為富不仁的傢伙。彭斯幽默的妙處在於對於富人的吝嗇作出了特殊的解釋，把給別人報酬之低轉化為對自己生命價值的低估。

　　幽默的攻擊性在這裡恰如其分，幽默感並未因攻擊性之強烈而遜色，這得力於彭斯的不動聲色，而且貌似溫和，實質上則是綿裡藏針。

　　在這種情況下，針對這樣的不義之人，如果僅用調笑性幽默就嫌分量不夠了。弱者對付強者之時，兇猛的反擊比溫良的微笑更能引起人們的同情。

　　孔融10歲時隨父親到洛陽一個名人家去，他應對自如，主人及來賓均甚驚奇。有一位姓陳的官員卻說：「小時候挺不錯的，長大了不見得有多好。」

　　孔融說：「看來你小時候，大概也是挺不錯的。」

　　在反戈一擊時，要善於抓住對方的一句話、一個比喻、一個結論，然後把它倒過來去針對對方，把他本不想說的荒謬的話、不願接受的結論用演繹的邏輯硬塞給他，叫他推辭不得，叫苦不迭，無可奈何。

德國十九世紀詩人海涅是個猶太人，常常遭到無禮的攻擊。在一次晚會上，一個旅行家對他說：「我發現了一個島，這個島上居然沒有猶太人和驢子！」海涅看了他一眼，不動聲色地說：「看來，只有你我一起去那個島上，才會彌補這個缺陷。」

　　用幽默的語言、幽默的推理方式反駁，比直接反駁要含蓄得多。正因為含蓄，才可以把一些不便出口、有傷大雅的字眼包含在其中。而這些字眼又是從對方口中接過來並以邏輯的方法回敬過去的，對方要反擊，除了取消自己剛才所說的話以外，別無他法。可是君子一言，駟馬難追，有誰有這等本領呢？

15・反向求因：往反面去鑽空子

　　反向求因幽默法就是要求在推理過程中善於鑽空子(漏洞，缺失)，特別是往反面去鑽空子，把極其微小的巧合的可能性當作立論的出發點。

　　在生活中有某種常態，在思維中有某種常理，人們的聯想都為這種習慣了的常態和常理反覆訓練達到自動化的程度，以致一個結果出來，便會自動地聯想到通常的原因。

　　反向求因法的特點，就是把一個極其微小的可能性當成現實，雖並不能最後取消對方提出的另一種更大的可能性。比這種類型的方法更具有喜劇性的是另一種完全否定了原來因果關係的幽默方法。

一位叫約翰的病人問醫生：「我能活到90歲嗎？」

　　醫生檢查了一下之後，問道：「你今年多大啦？」

　　病人說：「40歲。」

　　「那你有什麼嗜好嗎？比如說是，喜歡飲酒、吸煙、賭錢、女人，或者其他的嗜好？」

　　「我不喜歡吸煙、喝酒，更討厭女人。」

　　「天哪，那你還要活到90歲幹什麼？」

　　本來讀者的期待是：戒絕煙酒女人得到肯定的評價，其結果不但相反，而且把這一切當成了生命的意義。否定了這一切，就否定了活到九十歲的價值，那就是這一切的價值（喜歡生命中的哪些事）高出於長命的價值之上。

　　這種幽默方法的可貴之處，不僅在於結論，而且在於推演的過程，要環環緊扣，層層深入。

16・指鹿為馬：把白的說成黑的

　　「指鹿為馬」幽默法就是用雙方心照不宣的名實不符，把白的說成黑的，從而產生反差，傳達另外一層真正要表達的意思，達到幽默交流的目的。

　　人們之所以能心照不宣，原因是語言表層含義的不同。從字面上看，你是指鹿為馬，指白說黑，從深層意思是說你傳達了另外一層意思。這層意思雖不明白，但已瞭然於心，而其瞭然的程度比明白講出來更深，更能表現出幽默感。

幽默的效果常常在名實不符的判斷中產生。

指鹿為馬是不科學的，但是如果不是有意欺騙，雙方心照不宣地名實不符，則能產生幽默感。

英軍總司令威靈頓公爵在滑鐵盧大敗拿破崙後，凱旋回到倫敦，當時舉辦了一個相當隆重而盛大的慶祝晚宴，參加這次宴會的有各界社會名流、貴族紳士，還有許多參戰的軍官和士兵。

晚宴的菜餚十分豐盛，末了，在每一個人面前擺了一碗清水。其中一名士兵竟大大方方地將這碗水端起來喝了一口，見此情形，在場的貴族都竊笑不已。

原來，這碗水是在吃點心之前用來洗手的，而這個農家出身的士兵哪裡會懂得這種宮廷裡的規矩，因而出了笑話，那位士兵羞得滿臉通紅。

就在這個時候，威靈頓端起這碗洗手水站了起來。

「各位女士們、先生們，讓我們共同舉杯為這位英勇的戰士乾一杯吧！」一陣熱烈的掌聲後，大家舉杯同飲。

那位士兵和在場的每一個人，都為威靈頓公爵的人品和作風大為感動。

威靈頓公爵的指鹿為馬，不僅為那位士兵解脫了困境，也表現了他崇高的人品和幽默感。

17・故弄玄虛：巧設懸念，出奇制勝

「故弄玄虛」幽默法就是利用對方預期轉化的心理，巧設懸念，解釋懸念，出奇制勝，但其解釋在真理與歪理之間。

由於幽默通常有這樣一個規律，它總有個對轉，總是讓你領悟到你原來期待不同的東西，笑是在期待失落以後產生的。久而久之，一旦進入幽默情境，人們總是期待出乎意外的謎底，這就形成了一種心理習慣，用心理學的術語來說叫「心理定勢」。

這是幽默的正格，但是幽默不拘一格，像任何其他事物，有正格意味著必有破格，有預期的失落，必有預期失落的失落，故弄玄虛法就屬於這種破格。

法國寓言家拉封丹習慣於每天早上吃一個馬鈴薯。有一天，他把馬鈴薯放在餐廳的壁爐上烤一烤，可轉眼之間，卻不翼而飛了，他不知道是誰拿走的。

於是，他大聲叫喊起來：「啊，我的上帝，請告訴我，是誰吃了我放在壁爐上的那個馬鈴薯？」

他的傭人匆匆趕來說：「不是我。」

「那就太好了！」

「先生為什麼這樣說？」他的傭人問。

「因為我在馬鈴薯上放了砒霜，想用它毒老鼠。」

「啊，上帝！我中毒了！」那個傭人焦急地喊道。

拉封丹笑了：「放心，我不過是想讓你說真話罷了。」

這裡，拉封丹用的正是故弄玄虛法，從心理預期來說是雙重的失落。第一次是僕人說自己沒有吃，而拉封丹說太好了，僕人有輕鬆的預期，結果卻轉化為非常嚴重的後果。接著又來了一個對轉，預期的危險完全消失：這是雙料的故弄玄虛式的幽默。

　　故弄玄虛法的全部奧祕就是利用對方預期轉化的心理。這種方法變化萬千，有時不是給人一種雙重轉化，而是相反，故意給他一個沒有轉化的謎底，讓他期待對轉化的心理落空

　　值得注意的是幽默的功力不僅在於構成懸念，而且在於解釋懸念。解釋懸念，要有一定的邏輯性，才能服人。

　　所以，在解釋懸念時，往往要講一點歪道理。歪道理從邏輯上來說，本來就是沒道理，明明沒道理，卻要講出道理來，就靠歪得巧妙，不給人武斷之感。這時的關鍵就在於抓住任何一點在概念上沾邊的枝節來作為推理的支點，大加發揮。

　　因此可以說，幽默之妙就妙在「真理」與「歪理」之間。

18・順水推舟：借人之口，為己所用

　　所謂「順水推舟」是指按照對方的思維模式因勢順推，或者以對方的核心論點為前提進行演繹推論，得出一個明顯錯誤或荒謬的結論，然後集中火力，發起猛攻，制服論敵。其中「順」是承接，是「推」的前提；「推」是逆轉，是結果。順水推舟的方法有很多，如因果順推、選擇順推、歸謬順推。

　　某人牙痛，前去醫院拔牙。醫生技術嫻熟，很快就把牙拔

掉了。病人雖然覺得醫生技術不錯，但又覺得這一會兒工夫，就被他賺了50美元，有點心不甘。於是，他一邊付錢，一邊揶揄地對醫生說：「你們牙醫真會賺錢，只用了10秒鐘，就可以賺上50美元。」

醫生沒有直接反駁對方的意見，只是似笑非笑地說：「要是你願意的話，另一顆牙，我可以慢慢地給你拔……」

面對病人的挖苦，醫生回答得十分巧妙，不正面講理，順著對方10秒鐘的話茬兒說下去，答應慢慢地拔另一顆牙。無疑，這好好地將了對方一軍，使自己處於主動地位。

這位醫生運用的就是順水推舟法。

順水推舟，是借人之口，為己所用，不作正面抗衡，而是在認同、甚至讚美的言語中出其不意、巧妙制敵。

有一次，毛拉和幾個人在野外行走，突然傳來「哞——哞——」的牛叫聲。

這幾個人不懷好意地對毛拉說：「牛在叫你呢，快去聽聽看牠要對你說點什麼？」

毛拉去了一會兒，回來告訴他們：「牛問我：為什麼要和這幾頭笨驢子出來散步呢？」

對那些人的攻擊，毛拉不是直接與之對抗，而是順水推舟，借牛之口將對方說成是笨驢子。

一位記者問薩伊總統蒙博托：「你很富有！據說你的財產達到30億美元！」蒙博托聽後發出一陣長時間地哈哈大笑，反問道：「你是否還聽說過，有位比利時的議員說我有60億美元！」

記者的提問是荒謬的，面對荒謬，總統先生不是怒上心頭，而是「哈哈大笑」，表示了自己的大度情懷，然後巧妙過渡「你是否還聽說過」，給對方來一個更為誇張的反問，荒誕不經的結果當然讓記者自覺失言。

19·暗渡陳倉：製造明與暗的反差

「明修棧道，暗渡陳倉」講的是這樣一個歷史故事：劉邦滅秦後，被項羽封為漢王。在從關中往漢中去時，他聽從張良的計策，沿途燒毀棧道，以表示無意東歸，麻痺項羽。後來，劉邦又表面上修棧道，暗地裡卻繞道陳倉打回關中，取得了楚漢戰爭的初步勝利。

「明修棧道，暗渡陳倉」幽默術就是指表面一套做法以掩人耳目，暗地裡卻另有打算，明與暗之間的反差給人以不和諧的感覺，往往就能產生強烈的幽默效果。因為這表面的一套往往吸引了人的注意力，所以暗地裡的意圖經常能實現。既然古人能運用它取得戰爭的勝利，那麼我們在生活中運用它以達到自己的目的或擺脫某種困境也未嘗不可。並且，如果使用得當，還能產生幽默的效果。

局長：「我要直言不諱地批評你，你不會介意吧？」

祕書：「能得到您的指正，對我來說是種莫大的榮幸啊！」

局長：「我到任後，有很多的人向我反映，你過去在領導面前專講好聽話，那可不好。老實說，我最討厭這種作風。」

祕書：「您的意見很中肯！那些領導喜歡恭維，喜歡聽好話，我不得已才投其所好。哪兒有像您這樣不愛捧、又不愛別人拍馬屁的好領導。」

局長：「是嗎？」

祕書：「當然。我參加工作二十多年了，當祕書也不是一兩年，像您這樣作風正派、工作能力強、領導藝術高明的領導，還從來沒有遇到過。」

局長：「照你看來，我在各方面都要比其他領導強？」

祕書：「那還用說。」

局長：「好！好！好！今天就談這些。」

面對局長的批評，祕書不慌不忙，謙虛地表示接受。表面上他承認自己是因為別的領導喜歡恭維才專揀好話說，即為「明修棧道」；暗地裡轉移到該局長，指出局長不愛吹、不愛拍，即為「暗渡陳倉」，對局長使勁地拍了一通，拍得局長心花怒放。該祕書對「明修棧道，暗度陳倉」運用得爐火純青，不僅躲過了局長的批評，而且討得了局長的歡心。並且，在我們看來，其中也不乏幽默的意味，真是一舉三得。

「明修棧道，暗渡陳倉」幽默術在生活中隨時都可以運用，

如果你要稱讚別人歌唱得好，並標榜一下自己時，就可以說：「你唱歌眞棒！差一點就趕上我了。」別人當然會捧腹大笑，並佩服你說話的本領。你呢？藉「你唱歌眞棒」(明修棧道)，用「差一點就趕上我」(暗渡陳倉)，既稱讚了別人，又標榜了自己，還令人大笑，一舉三得，這樣的事何樂而不爲呢？

「明修棧道，暗渡陳倉」的關鍵在於「修棧道」，讓對方不能明白你的眞實意圖，這樣你才能順利地「暗渡陳倉」，實現自己的目的。「修棧道」的目的就是迷惑對方，做得越像，對方越容易上當，你就越能輕易地「暗渡陳倉」。並且，因爲這「修棧道」與「渡陳倉」之間有一種明與暗的反差，反差之間的不和諧往往就迸射出幽默的火花，讓你開懷一笑，在笑聲中讓矛盾渙然冰釋，讓心情豁然開朗。既然如此，我們何不在適當的時候，用「明修棧道，暗渡陳倉」來幽他一默呢？

20‧故賣關子：不露聲色，出人意料

故賣關子幽默術是幽默的一個重要技巧，也是一個比較容易掌握的幽默方法。它是指用誇張性的語言和戲劇性的情節，伴以煽動性的動作，讓聽眾自覺不自覺地隨著你的思路走，然後在結尾處一語點睛，抖出出人意料的結局，從而產生強烈幽默效果。它要求說話者在最後的關鍵話語說出來之前，一定要不露聲色，巧賣「關子」，讓聽眾「著道」，然後再打開「關子」，抖出眞相，幽默效果就產生了。也就是說，你的「關子」賣得越巧，埋伏打得越好，聽眾入「道」越深，最後的幽默效果就越強。

請看下面一則幽默，是怎樣運用故賣關子幽默術的。

一位有名的男高音歌唱家對朋友們說：「我的歌聲曾經救過我一命。」

「快把這件事講給我們聽聽。」

「我每天早晨在城裡練嗓子。有一天，我的鄰居對我說：『如果你再唱下去，我就割斷你的喉嚨！』」

「後來呢？」朋友問道。

「後來呢？我就再也不唱了。」

這則例子後來曾被一些聰明人反向利用過，雖然大意一樣，但語言不同，幽默效果也不相上下。那位歌唱家對朋友們吹噓他的歌聲曾救過別人一條命，朋友便讓他講講，他就講他有一天練嗓子時，鄰居對他說：「你要是再唱下去，我就自殺！」後來那歌唱家便不唱了。兩者異曲同工，相比之下，前一個故事的「關子」設置得更巧妙一些。剛開始，歌唱家一句話「我的歌聲曾經救過我一命」便把聽眾吸引住了。接著講到「如果你再唱下去，我就割斷你的喉嚨！」時，聽眾已經完全入了道，都是心提到嗓子眼上了，不禁為歌唱家的命運擔憂，這時整個故事達到了一個小高潮，懸念卻達到了頂高潮，確實懸起來了，也就是說埋伏已經打好，下面就準備「露底」了。

按照聽眾的常規思路，歌唱家一定會和他的鄰居發生激烈衝突，甚至想到歌唱家會報警之類的事。但歌唱家緊接著一句「後來啊？我就再也不唱了。」確實讓聽眾意料不到，同時馬上想到

前邊歌唱家說他的歌聲曾救他一命的眞實含義，不由捧腹大笑。好像一個氣球，前面歌唱家一直吹一直吹，直到把它吹得大大的，忽然，最後一句話卻像一枚鋼針猛然向氣球上扎了一個洞一樣，頓時氣癟，幽默效果也隨之而起。不論怎樣，兩者都運用了故賣關子幽默術，並且非常成功，幽默味道焯然而出。

運用這種幽默技巧時要注意兩點：

一、是不要故弄玄虛讓人不著邊際，否則「斧鑿」的痕跡太重了，不僅不幽默，反而會使人反感；

二、是不要急於求成。如果你太早洩露「謎底」，也就洩露了驚奇，就會由於鋪墊不夠、火候不成熟而失去幽默感。

所以，運用此法時，千萬要不急不躁，娓娓而談，讓聽眾有思考時間，從而產生他們錯誤的預期，然後再一語道破，就算大功告成了。

21·旁側敲擊：謎底深藏於謎面

旁敲側擊法就是利用風趣的語言來回擊或反駁一些錯誤的觀點，是一種更加含蓄迂迴的方法。

旁敲側擊法要取得幽默的效果，在很大的程度上取決於聽眾的靜心默想、反覆品味，因爲它的特點是：謎底被深深地埋藏在謎面的下面。所以，聽眾在聽完話之後，必須有個回味的時間，才能體會到謎面和謎底之間微妙的聯繫。因此，一個眞正有幽默感的人，不但要自己善於說，而且要善於領悟別人的幽默。

「哪種笨蛋可以被認為是不可救藥的？」有人問一位哲學家。「在同一地方被絆倒兩次的人。」哲學家回答。

哲學家似乎答非所問，他沒有具體回答不可救藥的人生什麼病，卻指同一地方絆倒兩次的人，提示這些人不會吸取教訓，便無可救藥。用這種旁敲側擊，含義則豐富得多。

一九三七年的時候，維也納的人們談論的中心是希特勒入侵被併吞的危險性。

地理教師斷言：「希特勒永遠也不會進攻奧地利，否則就要打大仗了。請你們注意看這個地球儀，德國在這裡，那麼一點點大，而在它的周圍，有英國、法國還有俄國，都比德國大。美國就更不用講了……」

歷史教師搖著頭說：「這個我也知道，可是老弟，希特勒也知道這點嗎？」

歷史教師這句話的言下之意，即為希特勒這個法西斯的頭子是戰爭狂人，他絕不會因此而停止侵略的。

在現代交際中，當需要批評或提醒他人又不便直接向他提出時，便可考慮使用這種幽默風趣的旁敲側擊法。從側面提出一些看似與主題無關的話題，以此來達到啟示、提醒、勸阻、教育他人的目的。

運用旁敲側擊法時，要注意在話說出口之前，不妨先開動腦筋，從正面、反面、側面多角度地想一想，尋找出可以使人得到

啟示的多種不同的表達方式，選擇其中一種最好的，從而達到預定的交際目的。

22 · 以謬就謬：以子之矛攻子之盾

將謬就謬幽默法是不要立刻糾正對方的荒謬，而是模仿他的推理方法，使戲謔味升級的一種幽默技巧。

人際交往中，互相幽默地攻擊有兩種表達方式。一種是純粹戲謔的，主要為了顯示親切的情感，引起對方的共鳴，或者為了展示智慧，引導對方欣賞。一種是互相鬥智性的，好像進行幽默外的比賽，互相爭上風，這時的調笑性攻擊性更重要。當然，有時攻擊性是很兇猛的，但表現形式是很輕鬆的。不管有無攻擊性，都以戲謔意味升級為主，將謬就謬乃是使戲謔意味升級的常用辦法。即明明知道對方錯了，不但不予以否定，反而予以肯定。肯定的結果是更徹底地否定。

一位小姐與一位先生在聊天。小姐認為世界上最鋒利的是這位先生的鬍子。這位先生不解。小姐說：「你臉皮這麼厚，但你的鬍子居然還能破皮而出。」

這顯而易見是戲謔性的，因為其原因和結果之間的關係是荒謬的。與其說是顯示先生的臉皮之厚，不如說顯示了小姐的口齒之伶俐。在戲謔性的相互攻擊中，戲謔性要遞增，但方向要恰恰相反。正如中國古書上所說的以子之矛攻子之盾。

然而，這位先生卻將謬就謬，將這位小姐的荒謬往更荒謬處推演。他反問：「小姐，你知道嗎？你為什麼不生鬍子？」小姐搖搖頭，表示不知道。

　　「因為你臉皮更厚的緣故，連尖銳、鋒利的鬍子也無法破皮。」這位先生反攻小姐的根據並不是另行構思的，而是從小姐攻擊他的邏輯引申出來的。即我有鬍子是因鬍子尖利穿透了皮膚，而你沒有鬍子則是因為你的臉皮更厚，再尖利的鬍子也無用。同樣的前提得出相反的結論，指向不同的目標。

　　這種以謬攻謬的幽默的特點是後發制人。關鍵不在於揭露對方的錯誤，而是在荒謬升級中共用幽默之趣。而要達到這個目標，得有模仿對手推理錯誤的能耐。

　　當你拒絕別人不合理的要求時，直接拒絕會導致不必要的緊張。如果用以謬還謬法，讓對方去體會自己要求的不妥之處，比正面頂回去要文雅得多。

23 · 故作愚蠢：偶爾故意地裝裝傻

　　故作愚蠢幽默法是通過故意裝傻的方式，以表面的愚蠢來掩飾自己的難堪或寄寓過人的智慧，讓人透過表像，曲折地品嘗出潛藏的幽默之趣。

　　通常，人們都十分注意自己的外在形象，力求給人留下聰明絕倫的印象，稍稍做了一點「傻」事，都要想方設法地掩飾過去，很少有人願意將自己的「愚蠢」暴露給大家看。這幾乎成了一個思維定式。正是這個定式給我們提供了施展幽默才華的空

間。偶爾故意地裝裝傻，煞有介事地暴露一下自己的缺陷，人們初看之下會吃上一驚，不免對你產生疑問，繼而加以思考，隨即完全領悟，發出會心的微笑，進而佩服你的機智和幽默。

有一個流浪漢闖進一個果園，他見到什麼摘什麼。蘋果、梨什麼的，摘了好多。一邊摘一邊塞進自己的懷裡和口袋裡。

園主突然走過來，一把抓住他的衣襟，生氣地問道：「你怎麼跑進我的果園裡來了？」

流浪漢吃了一驚，只好答道：「對不起，老兄！這幾天颳大風，是風把我吹到這裡來的。」

園主問：「那你為什麼要摘我的蘋果和梨？」

流浪漢：「風太大了，把我吹得東倒西歪，所以我碰到什麼就抓什麼，要不風就把我颳跑啦！」

園主問：「那你為什麼把果子裝到你的口袋裡呢？」

流浪漢：　「真對不起，就在你剛進來的時候，我也正在想這個問題呢！」

流浪漢偷摘園主的蘋果和梨被當場拿獲，當然十分難堪，卻又不得不找些理由為自己辯護。他厚著臉皮，東拉西扯，卻不能自圓其說，被園主抓住要害，逼得無路可走。忽然間，急中生智，來一個故意裝傻，把過人的機敏隱藏於癡呆木訥的表像之中。園主聽了他最後一句話，會不免一怔，隨即自然會哈哈大笑，佩服流浪漢的幽默，當然也會寬恕他。

故作愚蠢幽默法要求你不動聲色地把自己的「愚蠢」惟妙惟

肖地展露，這樣人們才會因爲意料不到而驚詫莫名：「這個人怎麼啦，他眞的這麼傻嗎？」疑竇頓生，隨著疑問的渙然冰釋，你的眞實意圖的暴露，就會給人們帶來一種說不出的快意，幽默的春風就會拂過人們心田。

在人際交往中，故作愚蠢有著很強的戲謔性。人們不會爲了一個人的聰明而發笑，也不會留意那些刻意耍弄的小聰明。而愚蠢卻是人們的聚焦點，不管是眞的，還是假的，人們都樂於爲之開懷。何況故作愚蠢本是高度機智的產物，對方和自己都明白其中的「呆傻」的成分，雙方心照不宣，又抵制不住其俏皮味的誘惑，笑得也就更加的快意和自然。

應當注意的是，故作愚蠢背後所隱藏的眞實意思，要讓對方稍加思考後就能明白。即要讓對方很容易明白你的「愚蠢」是假的，是你故意運用它來製造幽默。不然，對方對你的「愚蠢」百思不得其解，不僅領會不到你幽默的本意，反而會眞的認爲你是一個愚蠢的人，這可就糟了。

24 · 返還幽默：軟對軟，硬對硬

返還幽默法就是按照對方的邏輯去理解或推論，由此及彼，物歸原主，使其搬起石頭砸自己的腳，自食其果。

返還幽默法，要善於抓住對方的一句話、一個比喻、一個結論，然後把它接過來去針對對方，即把對方給自己的荒謬語言或行爲及不願接受的結論，經邏輯演繹後還給他，以其人之道還治其人之身。

有一位顧客叫住老闆：「老闆，這盤牛肉簡直沒法吃！」

老闆：「這關我什麼事？你應該去向那隻牛抱怨啊！」

顧客：「是呀，所以我才叫住了你。」

顧客按照老闆的荒謬邏輯，推論出老闆即是「那隻牛」，讓對方哭笑不得，自食其果。

這裡顧客所用的幽默方法就是返還幽默法。

返還幽默法一般是對方攻擊有多少分量，就以同等的分量還擊。軟對軟，硬對硬，不隨意加碼，加碼過重會影響幽默情趣。

有個年輕人初入社交場合，生性靦腆，不善言辭，心情特別緊張。有一次，一個新上任的領導約見他，他緊張得直冒冷汗。

領導見狀說：「看你熱得一身汗，我給你開開風扇吧。」

他忽然靈機一動，順口接過「出汗」這個話題說：「我這個人真沒出息，見了生人除了指甲之外，全身都冒汗。」

真怪！說完這句話，他的心情很快就平靜下來了，汗也不冒了。以後每逢這種場合，他都要找一兩句幽默的話語說一說，現在他可以在大庭廣眾之下滔滔不絕，高談闊論，再也臉不改色心不跳了。

寓莊於諧法就是把十分莊重嚴肅的事情，採用開玩笑的方式把話說出來，以產生幽默效果。

「漢武帝看壽」這則幽默就是這樣的例子。

西漢時，東方朔滑稽多智、能言善辯。

一天，漢武帝議論壽相時對大臣們說：「依我看，《相書》有一句很有道理：人是否長壽，只要看看鼻子和嘴之間的人中長短。人的人中如果長一寸，就可以活到一百歲。」

眾位大臣都應聲說：「對！陛下高見。」

東方朔卻仰天大笑。

有個大臣指責他膽大妄為，竟敢取笑皇上。

東方朔說：「我哪裡是笑陛下，我是笑彭祖的面長！」

漢武帝便問：「彭祖面長有什麼好笑？」

東方朔說：「傳說彭祖活到八百歲，如果《相書》真的很準，那麼按人中長一寸壽百歲推算，彭祖的人中就應有八寸長，而他的臉豈不是要有一丈多長了。」

漢武帝聽罷，想了一會兒，也不禁大笑起來。

東方朔的推算，使發怒的漢武帝由怒而笑，的確達到了幽默效果。以輕鬆愉快的形式，詼諧風趣的語言，表達莊重嚴肅的道理，使人在喜悅和諧的氛圍中，接受道理，服從對方，從而表現出幽默感。

25 · 黑色幽默：用喜劇來表現悲劇

所謂「黑色幽默」，實際上是一種用喜劇形式來表現悲劇內容的幽默。

黑色幽默，興起於二十世紀60年代初。一九六一年，美國作

家約瑟夫‧海勒出版了一本驚世駭俗的小說《第二十二條軍規》。此書一出，即受到美國讀者的關注，至二十世紀70年代而轟動文壇。隨著這本書的流傳，黑色幽默一詞也家喻戶曉。黑色幽默是作為一種文學流派而存在的。在這裡，我們把它當做一種幽默的形式，一種幽默的技巧。

黑色幽默是一種與傳統幽默不同的幽默。傳統的幽默比較明朗、外向、充滿信心、針對別人，而黑色幽默憂鬱、內向、心酸絕望、嘲諷自己。黑色幽默中的人物和事件幾乎都是荒誕不經、生活中不可能有的。而且，黑色幽默總是面帶笑容地講述在殘酷命運捉弄下的煩惱，用自我解嘲來反映百思不解的心理和人生渺小的意識。它是在用貌似輕鬆達觀的口吻來表現最無可奈何的心理和情緒，它雖然在笑，但這是一種「使道德的痛苦發展到滑稽的恐怖，使事情荒謬到令人發笑的程度」。這種笑，是痛苦的笑、恐怖的笑，是對荒謬現實入木三分的笑。

換言之，黑色幽默是一種「大難臨頭時」的幽默，或者，更傳神地說是「絞刑架下的幽默」。

在一個對死囚執行公開絞刑的日子裡，絞刑架旁聚集了大批觀眾，可是卻不見死囚犯押來。監刑人、劊子手和周圍的人都等得不耐煩了。終於，獄卒押著囚犯來到刑場，囚犯看見人們焦急貪婪的目光不禁笑了，得意地說：「你看，沒有我，你們什麼也幹不成。」

這種幽默就是典型的「黑色幽默」。

海勒在「黑色幽默」代表作《第二十二條軍規》中這樣描寫「二戰」的傷兵：

清澈的流體從一個潔淨的瓶裡輸入他的身體。從腹股溝敷石膏的地方，另外伸出一根固定的鋅製的管子，拉上一根細長的橡皮軟管，他的腎臟排泄就是通過這條管子一滴不漏地流入放在地板上的一個潔淨的封口的瓶內。等地上的瓶子滿了，從胳膊肘兒那兒輸入流體的瓶子也空了，這兩個瓶子於是很快地互換位置，使瓶裡的排泄物又重新注入他的身體。

這裡寫的不是即將走上絞架的囚犯，而是一個傷兵。對於傷兵的痛苦與不幸，作家用如此殘酷的欣賞性的筆調來描寫，確是罕見而特殊的。但正是這種特殊的幽默筆調起到了特殊的效果，它在苦笑中揭露了第二次世界大戰給人類帶來的痛苦和不幸，它在幽默詼諧中表示了作者的憤怒與厭戰的情緒。

26・自我吹捧：自己誇獎稱讚自己

自我嘲諷因為和人們通常極度自我尊重的心理慣性相背離，所以能產生幽默。自我吹捧因為和人們通常謙虛謹慎的心理慣性相背離，也能產生幽默。

讓我們來欣賞王朔小說中的幾段內容。

劉美萍擠上前來，手裡舉著小本子。「馮先生，您給我簽

個名，要那種狂草。」

馮小剛給她一筆一畫認眞簽名時，她又說：「馮先生，今天您眞是把我感動了，好久沒聽過這麼好的大道理了。您是眞有學問，您講的那些話好些我都沒聽懂，好些字都不會寫——您眞是有學問。」

馮小剛簽完了名，笑著說：「何止你感動了，我都被自個兒感動了。我由衷地佩服我自己，我怎麼就能說哭就哭，什麼也沒想卻張嘴就來，聽著還挺像那麼回事——多讀書啊，這是個祕訣。」

照常理猜測，我們聽到別人的稱讚誇獎，一般會表示謙虛，如「您過獎了」、「哪裡哪裡」、「不敢當不敢當」。哪兒有像馮小剛這樣順竿爬的呢？別人誇他一句，自己還覺得不過癮，又自吹自擂起來。不過，在這種碰撞中，產生了強烈的幽默感。

杜梅躺在床上就著檯燈看一本小說，我躺在一邊目不轉睛地看著她。

她翻過一頁，調臉瞪我一眼：「看我幹什麼？」

「羨慕你！」我也瞪眼。

「我有什麼可羨慕的，整個一個苦命人兒。」她又看書，端起床頭櫃上的水杯喝了口水。

「能嫁我還不該羨慕？眞是傻人有傻福氣，居然能找著我這樣的——還不費吹灰之力。」

「得了吧，你別自我感覺良好了。」她笑。

自我吹捧逗得人樂了，看來確實是製造幽默的一種方法。

賈玲大聲對杜梅抱怨：「怎麼搞的？我回家休趟假，你就匆匆忙忙把自己嫁出去了，也不等我把關，將來吃虧怨誰？」

「怨我怨我，」我對賈玲說，「本來杜梅是想等你回來再說的，可我的魅力實在無法抵擋。」

一屋子姑娘大笑，賈玲也笑，橫了我一眼：「別臭美了，我要在就沒你什麼事了。」

「對，那就是咱倆的事。」

「哎，杜梅，看出你丈夫是什麼人了吧？」

「早看出來了。」杜梅倚在桌邊笑。

自我吹捧時可以用一種調侃的口吻，如果夸夸其談，那就淪為吹牛皮了。吹捧的內容也要虛虛實實、半真半假。總之，不能讓人信以為真，也不能讓人以為你說的全是假話、大話、空話。這樣，就能取得良好的幽默效果。

有時用一種嚴肅的口吻自我吹捧，也能讓人忍俊不禁。

公園裡，一位剛發表了第一首詩的青年詩人憂鬱地走著。

一位朋友碰見他，問道：「你怎麼了？」

詩人愁悶地歎口氣，回答說：「莎士比亞死了，雪萊和拜倫──都死了，我擔負的責任太重了。」

詩人一本正經的口吻，逗人忍不住發笑，當然人們是在笑他

太自不量力了吧。

27．衝口而出：外國名人幽默趣談

西方人比較擅長表達自己的感情，並把幽默當成一種良好心境的表現。他們把機智看成幽默的重點所在，可謂準確地把握了幽默的眞諦。

西方人的生活態度有其閒適的一面，因此幽默的語言往往能脫口而出，這些幽默語言無形中成了社會生活的潤滑劑。

◎海明威的故事

——我站著寫作

美國著名作家海明威的文章素以精練、富有新意而著稱。

有一次，記者向他請教文章簡練的祕訣，海明威幽默地回答說：「我站著寫作，而且一隻腳站著。我採取這種姿勢，使自己處於一種緊張的狀態，迫使我盡可能簡短地表達我的思想。」

——從左往右寫

在一次宴會上，美國著名作家海明威身旁坐著的是一位資本家。這位資本家想方設法要同海明威搭訕。

「什麼才是最好的寫作方式？」資本家問。

「從左往右寫。」海明威答。

——連地皮一起帶去

美國作家海明威遷居古巴哈瓦那後，一位紐約富商慕名前去拜訪，並堅持要海明威在他的日記簿上簽名留念。

海明威知道這個來訪者是依靠地產買賣發財的。他靈機一動，即刻用手杖在沙地上劃出一個簽名說：「請你收下，不妨連地皮一起帶回紐約去。」

——不吃軟、不吃硬、不吃眼前虧

有人挖苦海明威說：「文人的胃口真好，在你們的筆下什麼都能吃：吃苦、吃力、吃醋、吃官司、飲泣、飲恨、食言、啃書本、喝西北風、咬文、嚼字……還有什麼不吃的？」

海明威冷冷地回答：「不吃軟、不吃硬、不吃眼前虧。」

——寫作入門

有人詢問海明威：「寫作如何才能入門？」

海明威回答說：「你必須具有正確的觀察力、由衷的態度、牧師的虔誠、海盜的勇氣和作家的良心。如果具備了這些，你就入門了。」

——在字典裡

有個貪財而又胸無點墨的人，問海明威：「你能告訴我一個能保證找到黃金的地方嗎？」

「可以。」

「在哪兒？」

「在字典裡！」

——儘量想法子活下去

有位自命不凡的「才子」，不知天高地厚，向海明威表明他的意願，他說：「先生，我早就有心為你寫一篇傳記，希望你死了之後，我能獲得為你寫傳記的授權與榮幸。」

海明威淡淡一笑：「哦，先生，我知道你想寫我的傳記，所以我就不得不儘量想法子活下去。」

——決鬥的條件

海明威在軍官學校任職期間，曾直率地批評過一些軍官。因此，先後有五位軍官準備找他決鬥。

海明威欣然接受決鬥者的挑戰，他說：「既然你們先提出決鬥，我有權提出決鬥的條件：在十步之內，使用手榴彈……」

那些要求決鬥的軍官們一聽，個個咂舌，都拒絕了。

◎卓別林的故事

——只是在模仿

一次，好萊塢為查理・卓別林舉行生日宴會。宴會結束前，卓別林用自己的抒情高音，演唱了一首義大利歌劇插曲。

在座的朋友都驚歎不已：「查理，我們相處多年，也不知道你唱得這麼好啊！」

卓別林謙虛地回答說：「我根本不會唱歌。這只不過是在模仿劇中人恩瑞柯‧卡如索罷了。」

——語言大師應是誰

有位朋友詢問卓別林：「您認為世界上最著名的語言大師應該是誰？」

卓別林聳聳肩，幽默地回答：「恐怕應該算是上帝吧，你沒見人們可以用各種不同的語言向他祈禱。」

——出名後才能寫

一個初出茅廬的作家，請卓別林看他寫的一個電影劇本，並詢問他的意見。卓別林仔細翻閱過他的劇作後，搖了搖頭說：「等你和我一樣出名的時候，你才能寫這樣的東西，你這個時候要寫得更好才行。」

——趣味十足的回信

愛因斯坦非常欽佩查理‧卓別林。一次，他寫信給卓別林說：「你的電影《摩登時代》，世界上每個人都能懂，你一定會成為一個偉人。」

卓別林謙虛地回信說：「我更欽佩你，你的相對論世界上沒有幾個人能懂，但你已經成為一個偉人了。」

——第一次受勳章

一九二一年10月，藝術大師卓別林來到法國巴黎，受到了巴

黎人民空前熱烈的歡迎。法國政府鑒於他在世界藝術領域的巨大貢獻，決定給他授勳。

在授勳之前，有一位美國記者向卓別林透露說：「法國政府在捉弄你，那勳章是授給學校教師的。」

「不，先生，您錯了。」卓別林微笑著回答說：「教師是全人類都尊重的人，我能得到這枚勳章，是我一生最大的榮幸。」

這枚勳章，是卓別林一生中第一次接受的勳章。

──我比狗還窮

卓別林曾編導一部喜劇影片。內容是西方國家想打通宇宙間的道路，決定買一隻狗發射到其他星球上去試驗。

劇中的主人公聽到這個消息後，連忙去找發射台要求說：「我願意代替狗去試驗。」別人問他的理由，他說：「因為我比狗更便宜，同時我比狗還窮呀！」

──真假卓別林

某公司舉辦了一場別開生面的評選會，讓所有扮演、模仿過卓別林的人競賽，並請專家來評選出名次。

卓別林聽到這個有趣的消息後，也興致勃勃地趕來參加。不料，第一名竟被別人奪去，自己反倒屈居第二！

比賽結束後，該公司老闆為了慶祝這次評選活動，特地邀請卓別林為大家講幾句。卓別林風趣地說：「關於卓別林，世界上當然只有一個，那就是我。既然我被評為第二，那就應該尊重大家的意見，讓獲得第一名的卓別林來講話吧！」

——希特勒偷了我的鬍子

一九三七年，卓別林在美國一家報紙上，鄭重其事地指控希特勒有偷竊行為。其理由是希特勒那種鬍子「是我第一個發明的這種鬍子！」「我要控告希特勒偷了我的鬍子。」

卓別林這一幽默的控告，在全世界廣為流傳。法西斯大獨裁者希特勒知道後，氣得全身發顫，七竅冒煙，咬牙切齒，頓足大罵：「卓別林，你……你這個該槍斃的猶太人！」

◎伊索的故事

——該死的石頭

古希臘寓言作家伊索曾經是個奴隸。一天伊索的主人要去浴室洗澡，他把伊索叫來說：「到公共浴室裡去看看，今天洗澡的人多不多。」

伊索走到公共浴室門口，看見往浴室裡走的人非常多。他剛要轉身回去告訴主人，忽然發現浴室門口有一塊石頭，礙手礙腳，也不知是誰把這塊石頭放在那裡的。進出浴室的人，只要稍不小心，就要被這塊石頭絆倒。可是被絆的人總是將那個放石頭在這裡的人咒罵一句，然後爬起身走開，從沒有人動手將這塊石頭移開。

伊索正站在那裡心中暗暗覺得好笑時，忽然又有一個人被石頭絆倒了。那人也罵了一句：「哪個該死的將石頭放在這裡！」

這個人爬起身後，卻動手將石頭移開，然後才走進浴室。

伊索回去對主人說：「今天浴室只有一個人。」

主人聽了大喜說：「只有一個人嗎？那真是好機會！可以舒舒服服地入浴一次了。」他吩咐伊索趕緊收拾衣物跟他去。到了浴室，伊索的主人發現裡面擠滿了人，便責備伊索說：「裡面這麼多人，你為什麼告訴我只有一個人？」

於是，伊索就將他在浴室門口見到的情形告訴主人，並說：「人被石頭絆倒後，只曉得罵人，從不想將石頭搬開，只有一個人在絆倒之後，想到將石頭搬開，以免再絆倒別人，所以我認為只有他才說得上是一個人，我一點也不曾說謊。」

——不知道

伊索雖然是個出身貧困的奴隸，卻成為著名的古希臘寓言作家。他的作品被譯成各種文字，在世界各地廣為流傳，深受人們的喜愛。

有一次，主人叫伊索進城去辦一點事，在路上偶然遇到一位法官，法官問他：「上哪兒去？」「不知道。」伊索說。法官一聽，對伊索起了疑心，便將他關進了監獄。「法官先生，我講的全是實話。」伊索在監獄裡分辯說：「我確實不知我會被關進監獄呀！」法官無奈，只好把他放了。

——好回答

有一天，寓言家伊索在鄉下遇到一個過路的人，那人問伊索：「到前面村子需要走多長時間？」

伊索回答說：「你一直往前走吧！」

「這我知道，但我是請問你需要走多長的時間？」

「你一直往前走吧！」伊索還是這樣回答。那人以為伊索是個瘋子，自認晦氣，搖著頭走了。可是，當他走了幾分鐘後，伊索突然把他叫住，說：「兩個小時以後，你就可以走到了。」

「那你怎不早告訴我呢？」過路人奇怪地問。

「我當初不知道你走路速度的快慢呀！」伊索兩手一攤說，「那叫我怎麼好回答你呢？」

◎蕭伯納的故事

——再次敬贈

有一天，蕭伯納在一家舊書店翻看二手的書籍，猛然看到他的一本劇作集，而且該書的扉頁下方，有他給那一位朋友的親筆題贈「喬治·蕭伯納敬贈」的字樣。

他當即買下此書，在題贈下又寫上「喬治·蕭伯納再次敬贈」，然後將此書再寄回給那位朋友。

——喜歡不等於擁有

蕭伯納喜歡花卉。一位朋友來到他的住所，發現他屋內只有幾個作為裝飾品的花瓶，便問他：「我一向認為你是愛花的，沒想到你屋裡連一朵花也找不到。」

蕭伯納立即回答說：「我也喜歡兒童。但是，我並不把他們的頭割下來供養在花瓶裡。」

——我剛好知道這一點

在一次宴會上，有個人在蕭伯納面前滔滔不絕地炫耀自己的才學。蕭伯納彬彬有禮地聽了很久，最後實在忍無可忍了，便說：「朋友，有了我們兩個人，這世界上應該知道的事情，好像全都知道了。」

「不見得吧？」那人說。

「我看你好像什麼都知道，可就是不知道自己令人厭煩。」蕭伯納回答說，「而我，剛好知道這一點。」

——把三個數字加起來

有一個年過半百的貴婦人，每天花很多時間和精力打扮自己，似乎以為經過這番打扮自己會年輕許多。在一個偶然的場合，她遇見了蕭伯納，便問道：「您看我有多大年紀？」

「看你皎潔的牙齒，只像18歲；看你蓬蓬的卷髮，不超過19歲；看你扭捏的腰身和那塗滿胭脂的臉蛋，頂多14歲吧！」蕭伯納一本正經地說著。

貴婦人受寵若驚，極為高興。又不死心地問了一句：「您能確切地說一下，我究竟像幾歲嗎？」

「幾歲嗎？很容易，只要把剛剛說的三個數字加起來，18加19，再加14，」蕭伯納打趣地說，「你應該是51歲呀！」

——這是太陽的福氣

一九三三年2月，英國劇作家蕭伯納到中國遊歷，魯迅、蔡

元培等人與他在宋慶齡家裡歡聚。飯後，大家去花園散步。

這時，柔和的陽光照在蕭伯納的銀鬚上，蔡元培先生對蕭伯納說：「蕭翁，您真有福氣，在上海看見了太陽。」

蕭伯納聽後微笑著說：「不，這是太陽的福氣，可以在上海看到蕭伯納。」

——最偉大的戲劇家

蕭伯納常在他寫的戲中揭露資本家的醜惡面目，所以得罪了一些有錢人。一次，有個資本家想在大庭廣眾之下羞辱蕭伯納，他揮著手大聲地說：「人們都說，偉大的戲劇家都是白癡。」

蕭伯納笑了笑，隨即回敬道：「先生，原來你才是最偉大的戲劇家。」

——你要當心

英國大文豪蕭伯納，是一個妙趣橫生的幽默家，他擅長和人開玩笑，但也有上當受騙的時候。

一次，美國人麥唐納因傾慕蕭伯納的大名，請他親筆題簽一本書，報酬是每個字一元美金。蕭伯納認為報酬並不優厚，還要親自動筆，所以當時沒有答應他。

幾天後，他收到麥唐納的一封信，麥唐納自稱正在推銷一種藥丸，要借蕭伯納的親筆大名做商標，可更加暢銷。

蕭伯納接到這封信後很生氣，認為這是對他的侮辱，於是提筆寫信拒絕，信中說：「……如果你敢把我的名字做商標，我一定用法律和你較量，你要當心……」

哪裡知道，麥唐納碰了這個釘子後，反而喜不自勝。因為他已經如願以償，得到了蕭伯納一個潦草的簽名，於是他把原信保存起來。

——獎勵沒有寫東西

一九二五年，瑞典學會推舉蕭伯納為當年的諾貝爾文學獎獲得者。蕭翁畢生作品甚多，唯獨一九二五年沒有發表過什麼作品。因此當他得知獲獎一事時，幽默地回答說：「那一定是獎勵我這一年沒有寫東西吧！」

——還以為我死了

蕭伯納70歲生日那天，英國許多報紙登了他的照片。他看到之後，風趣地說：「我早上一起來見到這麼多報紙有我的照片，還以為我死了呢！」

◎蘇格拉底的故事

——一大一小兩個圓

古希臘哲學家蘇格拉底的學生曾詢問他：「您的學問如此淵博，可為什麼您常常對自己的理論表示懷疑呢？」

於是，蘇格拉底馬上在地上畫了兩個圓，一大一小。並解釋說：「這個大圓相當於我的知識，這個小圓相當於你的知識，雖然我的知識數倍於你，但我的大圓外面的無知部分也就相對越大，而你的小圓外面的無知部分卻相對地較小，這就是我為什麼

時常困惑的原因。」

——哪一種都要後悔

一個學生請教蘇格拉底：「結婚與不結婚究竟何者爲好？」

蘇格拉底沉思一下，回答說：「有這種想法的人，取任何一種都是要後悔的。」

——雙倍的學費

有一個年輕人，去向蘇格拉底學習演講才能。他爲了表現自己的口才，滔滔不絕地講了許多話。但蘇格拉底卻要他繳納雙倍的學費。年輕人驚詫不已地問道：「爲什麼我要加倍呢？」蘇格拉底說：「因爲我得教你兩門功課，一門是怎樣學會閉嘴，另外一門才是怎樣演講。」

——學習要靠拼搏

一名青年對蘇格拉底說：「我想獲得知識⋯⋯」

蘇格拉底並沒說什麼，只是將年輕人帶到海裡。海水淹沒了年輕人。他奮力掙扎才將頭探出水面，這時蘇格拉底問他：「你在水裡最大的願望是什麼？」

「空氣，當然是呼吸新鮮空氣！」

「學習就得使上這股幹勁。」蘇格拉底說。

——讓我們把這件事忘卻吧

有一次，有人問蘇格拉底：「先生，你可曾聽說⋯⋯」「且

慢，朋友，」這位大哲學家立即打斷他的話，「你是否確知你要告訴我的話全部都是眞的？」

「那倒不是，我只是聽來的。」

「原來如此，那就不必講給我聽；除非那是件好事，請問你講的那件事是不是好事？」

「恰恰相反。」

「噢，那麼也許我有知道的必要，以免貽害他人。」

「噢，那倒也不是……」

「那麼，好啦！」蘇格拉底最終說道：「讓我們把這件事忘卻吧！人生有那麼多有價值的事情，我們沒有功夫理會那些既不眞又不好的事情了。」

——難道你希望我犯罪

蘇格拉底被當權者判處了死刑，其罪名是傳播異端邪說、敗壞風俗、反對民主等。當權者沒有採取絞死他的方式，也沒有採取砍下他腦袋的方式，而是讓他喝一杯毒芹水，讓他體面而無痛苦地死去。

臨刑之時，一個女人突然跑到他跟前，傷心地說：「我眞傷心，你什麼罪也沒犯，可是他們就要處死你了。」

「傻大姐，」蘇格拉底答道，「難道你希望我犯罪，做一個罪犯死去才值得嗎？」

◎畢卡索的故事

──冒牌貨

一位專門販賣藝術品的商人，買到了一幅有畢卡索簽名的畫，他趕緊來找畢卡索，想證實一下這幅畫是不是他的真跡。

畢卡索瞥了一眼那幅畫說：「冒牌貨！」

不久，商人又買了一幅畢卡索的畫來找畢卡索鑒別，問他這幅畫是真是假。「冒牌貨！」畢卡索答道。「可是，先生，」商人急了，大聲喊道，「這幅畫是您不久前親筆畫的啊！」

畢卡索聳聳肩膀，做出一副無可奈何的神態說：「我自己有時也畫冒牌貨。」

──「前衛」的甘苦

畢卡索漫長的一生都是在不倦和無畏的探索和進取中度過的，因此有人稱他是藝術的前衛。

這做「前衛」的甘苦，知道得最清楚的莫過於畢卡索自己了。他深有感觸地說：「前衛受到從後面來的攻擊，要比前面來的多得多。」

──絕不像他們畫的那樣壞

一次，畢卡索在巴黎參觀一個全世界的同時代畫家的畫展。參觀結束後，主辦方問他對此有何印象和感想。

畢卡索不假思索地回答道：「我覺得，世上的人絕不像他們

畫的那樣壞。」

——平面圖

一九一七年，斯特拉文斯基訪問羅馬和那不勒斯。在這次旅行中，他結識了西班牙大畫家畢卡索，兩人從此結爲密友。回到瑞士時，海關人員從斯特拉文斯基的皮箱裡翻出一個奇怪的畫。

「這上面畫的是什麼？」檢查人員問斯特拉文斯基。

「畢卡索給我的肖像畫。」

「不可能，這明明是平面圖。」「對了！這正是我的臉的平面圖。」斯特拉文斯基回答說。

——畢卡索的風格

一九四六年，住在法國戛納的內地城市瓦洛里斯的畢卡索，發現這個地方的陶瓷藝術業正值衰微之際，於是他突然迷上了這種必須經過燒製的創造藝術。他帶著一種狂熱的激情沉浸在學習和創造中，很快就掌握了製造工藝的奧祕，不到兩年的時間，就創作了近兩百件作品。

像在繪畫上一樣，畢卡索在陶瓷工藝上同樣表現了他藝術風格的大膽果敢和不爲章法所覊。畢卡索在陶瓷工藝上從來不曾試圖取悅什麼人，或者囿於某種風格，他風趣地說：「難道上帝也只有一種風格嗎？」

——作畫的境界

畢卡索經常在畫布前一站就是幾個小時，不坐下休息，不和

人講話，甚至廢寢忘食。一位好心的朋友以關切的口氣問他：「你這樣拼命工作，不感到太累嗎？」

畢卡索笑了笑說：「每當我作畫時，只有一心一意，彷彿身體已經在畫室外了。就像穆斯林進寺院前，先把鞋子留在門外一樣。不但不知道累，還會感到極大的快樂呢！」

◎愛迪生的故事

——上帝往往是很大意的

著名的美國發明家愛迪生，時常被採訪記者包圍，有時不得不回答他們提出的各種極其刁鑽古怪的問題。

一次，有人問愛迪生：「是否需要給某個修建中的教堂安裝上避雷針？」愛迪生回答說：「一定要安裝，因為上帝往往是很大意的。」

當記者問他是怎樣想像上帝的，愛迪生回答說：「沒有重量、沒有品質、沒有形狀的東西是不可想像的。」

——我沒有失敗

愛迪生在試製電瓶時，有人問道：「你一而再、再而三地失敗，為什麼還要繼續搞呢？」「失敗？」愛迪生回答說，「我沒有失敗。現在我的成就是知道了五萬種不成功的方法。」

——我到哪裡去好

愛迪生的妻子見愛迪生整天泡在研究室裡忙碌不停，心疼得

不得了，就勸他說：「你太辛苦了，應該換個地方休息休息。」
「我到哪裡去好？」愛迪生問。「揀你愛去的地方。」「那我只好去研究室了。」

——經過設計的房門

愛迪生以自己的發明創造聞名世界，但讓他的朋友們感到奇怪的是，他的房門開起來非常費勁。有一次，一位朋友對愛迪生說：「真不明白，像你這樣有天賦的人，卻不能設計出一扇輕便靈巧的門？為了推開你的門，我幾乎把全身的勁都使出來了。」愛迪生笑著說：「我的門是經過設計的，它與一個家用壓水泵連接在一起，每個進屋的人，一次能給我的蓄水池裡壓上來20公斤水哩！」

◎托爾斯泰的故事

——擁有的都是所愛的

列夫‧托爾斯泰新婚不久，俄國另一位作家索洛古勃前來拜訪他。索洛古勃看到托爾斯泰萬事如意，對命運所賜的一切都感到心滿意足。

「您真幸福！托爾斯泰先生。」索洛古勃非常欣賞地對托爾斯泰說，「您所愛的一切都有了。」

「不對，您錯了，索洛古勃先生，」托爾斯泰立即予以糾正道，「我並非擁有我所愛的一切，只是，我所擁有的，都是我所愛的。」

——你太殘忍了

一位朋友抱怨托爾斯泰：「你為什麼要讓小說主人公安娜‧卡列尼娜臥軌自殺呢？你太殘忍了！」

托爾斯泰笑著解釋說：「你這個意見讓我想起了關於普希金的一件事：有一次，他對一個朋友說，『你想想看，塔吉雅娜（《葉甫根尼‧奧涅金》的女主人公）跟我開了多大的一個玩笑，她結婚了。我萬萬沒料到她會這樣。』關於安娜‧卡列尼娜，我也完全可以這樣說。一般來說，我們男女主人公有時跟我開的那種玩笑，我簡直不大喜歡！他們做那些在現實生活中應該做的，和現實生活中常有的事，而不找願意的。」

——永遠說實話

托爾斯泰雖然出身於貴族，但他從青年時代起就能嚴格要求和約束自己，自覺地克服貴族階層給他薰染的不良習慣，並給自己確立了一些「生活準則」。其中有：「永遠說實話。」、「要盡可能做一個對祖國有用的人。」、「要做個好人，並且力求讓誰也不知道你是個好人。」、「要有生活目標：一輩子的目標，一段時間的目標，一年的目標，一個月的目標，一個星期的目標，一天的目標，一個小時的目標，一分鐘的目標，還得為大目標犧牲小目標。」

◎大仲馬的故事

──這雙手是勞動的手

有一回，在依奧省的一次選舉會上，一個人用粗魯的喊叫聲，打斷了大仲馬的發言：「你這個養尊處優的侯爵，你這個孬種！」

大仲馬一把抓住喊叫者的褲腿，把他高舉起來，對他說：「快向我求饒，要不我把你扔到河裡去！」喊叫者連連告饒。

大仲馬說道：「我只是給你證明一下，我這雙手二十年來寫出過四百部小說，55個劇本，這雙手是勞動的手……」

──把兩個執行官埋了

大仲馬常常說：「除開那些債主外，任何人什麼時候找我要錢，我都不會拒絕。」

有一回，一個法院執行官死了，家裡人請求他資助20法郎的喪葬費。大仲馬倒是很大方，他說：「這是40法郎，拿去把兩個法院執行官給埋了。」

──你自己瘋了

有一天，心愛的小狗無意中咬傷了大仲馬的手指，大仲馬便不得不改用左手來繼續寫作。

這件事很快傳開了，甚至還有謠者說大仲馬病危了！這時有個人匆匆來到大仲馬的家裡，說：「大仲馬先生，我很喜歡讀您

的小說，特別是《三劍客》。現在我正在蒐集名人的親筆簽名，可就是沒您的。因此，我請求您簽一個。」

「啊，很對不起，先生，我的右手指被小狗咬了，左手寫的字又很不像樣……」

「這我知道，」來人搶著說，「您的小狗眞是發瘋，您也病得很重，所以我特地趕來。不然，再過幾天，恐怕就太晚了！」

大仲馬一聽，氣憤極了，他聲色俱厲地對來人說：「先生，請注意，不是我的小狗瘋了，而是你自己瘋了！我不願見到你，更不會爲你簽什麼名。你快走吧！」那人只好怏怏而去。

——不同的創作方法

亞歷山大・仲馬父子都是法國著名的作家，大仲馬對他和兒子間在創作方法上的不同有過形象的敘述：「我從我的夢想中選取題材，我的兒子卻從現實中選取題材；我閉著眼睛寫作，他睜著眼睛寫作；我繪畫，他照相。」

◎小仲馬的故事

——我最好的作品就是你

一八五二年，小仲馬的話劇《茶花女》首演就受到觀眾的熱烈歡迎。他發電報給當時流亡在布魯塞爾的父親大仲馬說：「巨大的成功！就像我看到您的一部作品初次上演時，所獲得的成功那樣。」

大仲馬對兒子的成功十分高興，馬上回電說：「我最好的作

品就是你，我最親愛的兒子！」

——後者作為前者的補充

大仲馬去世之後，各家報紙急忙把「小仲馬」的「小」字去掉，但立即遭到小仲馬的抗議：「這個字眼是我名字的不可分割的部分，這就好像一個人有兩個姓，後者作為前者的補充。」

——就是為了這兩句臺詞

小仲馬的劇本《私生子》中的私生子最後得知「叔叔」就是自己的生父。結尾部分的臺詞是這樣的：

父親：「當我們兩個人單獨在一起時，你一定會允許我叫你兒子的。」

兒子：「是的，叔叔！」

兒子的簡短回答，表示出巨大的不滿與憤怒。

首演時，劇院老闆要求修改這個結尾，改成父子熱烈擁抱的溫馨感人場面。

小仲馬聽了，冷冷地回答說：「我就是為這兩句臺詞，才會寫這個劇本的。」

——不嘲笑別人

有人問小仲馬：「您對世人有什麼要告誡的嗎？」

「我奉告世人，每日步行兩小時，每夜睡眠七小時；睏意上來即眠，睜開眼睛即起，起床後即投入工作；吃飯喝水則以剛飽為度。

「只說應該說的，只寫有膽量署名的文章，只幹你能夠在人前說的事。切莫忘記，應該做一個別人能夠信任的人。不要盲目地創造，亦不可肆意地破壞，待人首先持有寬容的態度，而不應蔑視、仇恨或嘲笑別人。」

◎貝多芬的故事

——那雙靴子病了

舉世聞名的音樂家貝多芬生活十分貧困，經常只能去低檔飯店吃飯。有一次，他隔了好幾天才去飯店，一位酒友一見他就問：「您怎麼了？但願您這幾天不是生病了。」

「不，我沒病哩，」貝多芬幽默地說，「只是我那雙靴子病了，而我又只有這麼一雙，所以只好蹲在家裡不出來了。」

——不為蠢豬們演奏

有一次，貝多芬應一位親王的邀請，參加一個音樂會，並準備在音樂會上演奏自己的作品。音樂會在親王的莊園裡舉行，那天十分寒冷，並且下著瓢潑大雨。

貝多芬坐在鋼琴旁，熟練地奏起那支著名的《月光奏鳴曲》。沉靜優雅的旋律從他的指端流出，在大廳裡迴響。優美的樂曲使人們陶醉，人們停止了交談，忘記了屋外的大雨，忘記了一切，好像他們不是在風雨中聽演奏，而是沐浴在明亮柔和的月光中。

這時，一位伯爵忽然旁若無人地說起話來，他的聲音越來越

大，簡直就像噪音一樣干擾著貝多芬的演奏。貝多芬再也忍受不了這種吵鬧，他憤怒地停止了演奏，起身高聲說道：「我絕不能爲這些蠢豬們演奏。」

主辦音樂會的親王不但不制止那位破壞了全場氣氛的伯爵，還大聲斥責貝多芬，妄想以親王的威勢壓住他。面對這種侮辱，貝多芬怒不可遏地對親王說道：「你之所以成爲親王，只不過是憑藉你的出身罷了，而我卻是靠自己的努力成功的。親王過去有很多很多，現在也有很多很多，將來也會有很多很多，而我——貝多芬只有一個！」

說完，貝多芬氣憤地離開了會場。

——拿破崙的葬曲

貝多芬曾對法國的資產階級革命十分嚮往與同情。因爲他反對帝制，主張自由和民族獨立。所以，他把當時的拿破崙看成是一位建立共和體制的英雄人物，並於一八○四年寫成《第三交響樂》來獻給他。

正當他準備把總譜交給法國駐維也納大使館的時候，卻突然聽到拿破崙已把法蘭西共和國改爲帝國並自稱皇帝的消息。貝多芬氣憤極了，狂怒地說：「那麼，他也不過是一個凡夫俗子。現在，他要踐踏一切人的權利，只顧自己的野心，就要高居於所有人之上而變成暴君了！」

於是，貝多芬把樂譜的封面撕得粉碎，扔在地上。緊接著換上一個有報復意味的標題——《英雄交響曲——紀念一個偉人的遺跡》。他斷定拿破崙逆歷史潮流而動的行爲，一定會徹底失

敗，必然將以「遺跡」告終！

　　一八二一年，當貝多芬得知拿破崙在聖海倫島上死去的消息時，他高興地說：「17年前，我寫的樂曲正適用於這件事啊！」原來這樂曲就是葬曲！

——音樂家的心聲

　　貝多芬去世前耳聾了二十多年，當時他日夜都希望自己的耳朵能復聰。

　　到了生命的最後一刻，貝多芬還是斷斷續續地說：「到了天堂，我就能聽得見了。」在旁侍候的人，無不淚水直下。

　　貝多芬去世後，恰魯比尼成爲歐洲的音樂巨星。有一次，一位時髦音樂家帶著一套樂譜去見恰魯比尼，說那些譜是大音樂家巴赫所寫。

　　恰魯比尼細細地審視了一遍，肯定地說：「這絕不是巴赫所寫的，太糟了！」

　　那位音樂家狡猾地說：「那麼，如果我告訴你這是我寫的，你會相信嗎？」

　　恰魯比尼笑笑說：「不，你還不能寫得這樣好呢！」

◎ 出獵

「那次出獵我一共打死了12隻野雞。」一位獵人得意揚揚地對他的朋友說。

「可是，爸爸，」獵人的兒子說，「去年那次你不是說只打死了7隻嗎？」

「去年你還太小，有些事還不能全都告訴你。」

⇨看來，語言真的是謊言的罪魁禍首。

◎ 倒楣

詹妮小姐下夜班，看見一個男子大張著雙手向她走來。

「流氓！」詹妮小姐罵道，一腳向那男子的腹部踢去。只聽「嘩啦」一聲，男子大叫：「天哪！這已是第三塊玻璃了，還是沒能拿回家！」

⇨有時候，我們必須注意自己的行為是不是會被別人誤會。尤其是面對女性的時候。

◎ 到天上去

有個人很愚鈍，每逢跟他的妻子回娘家飲宴，都被其他女婿欺負，讓他坐在「下座」。他的妻子經常教導他，說要爭取坐到高處的「上座」才好。

一次又逢家宴，把酒讓座的時候，妻子老是用目光示意他「往高處坐」。他見庭前有張木梯，便急忙爬上去，妻子又羞又急，怒目示意，他這回也發火了：「難道叫我坐到天上去？」

⇨我們可能會笑話這個愚鈍的人，笑話他對妻子的暗示不能心領神會。但是，一個人能夠真正理解另一個人嗎？這是一個非常深刻的哲學問題，也許一切所謂的「理解」都是「誤解」，都是從自我出發的解釋和創造性的發揮。

◎ 煮竹蓆

　　北方人到南方去，南方人請他吃筍。他問：「這是什麼？」南方人回答說：「是筍，長起來便是竹子。」這人回到家裡，以為竹蓆既然是竹子做的，也是可以吃的，便把床上的竹蓆拿來煮，煮來煮去卻煮不熟。他惱了，就跟妻子說：「南方人真滑頭，專門戲弄別人！」

⇨對事情沒有徹底的了解，只一知半解，便魯莽地去做，當然是永遠做不好的。

◎ 農場和老爺車

　　一農場主人誇耀他的農場時，說道：「我乘汽車沿著我的農場從南走到北，得花兩天時間！」

　　一聽眾深表同情：「是啊，當年我也有這麼一部老爺車。」

⇨當一種自負足以引起他人的反感的時候，我們得到的將不再是一種虛榮的滿足，而是一種羞恥的咎由自取。

◎ 精神對抗

　　——您瞧，昨天公共汽車司機盯著我看，彷彿我沒買票。

　　——那您怎麼辦？

——很簡單，我也盯著他看，就像老子就是有買票似的。

⇨生活中類似的眼神交會，你我都不會感到陌生——的確，堅定的目光代表一種力量；可是，友好的溝通和交流是不是更具溫情呢？讓眼睛微笑吧！

◎ 削蹄割尾

　　有一天申先生寫信給他的朋友熊先生，一時疏忽把「熊」字下面四點忘了，寫成了「能先生」。熊先生一看，又氣又惱，提起筆來寫了一封回信，故意把申先生誤寫成「由先生」，還說：「你削掉了我的四個蹄子，我也要割掉你的尾巴。」

⇨人與人之間的誤解和矛盾也許在所難免——但是至少我們還可以選擇對待的方式：以暴制暴，恩怨何時了？多點理解，多點寬容，不是更好嗎？大到國事，小至市井，莫不如是！

◎ 飯後一支煙

　　湯姆去醫院檢查身體，發現自己有肺炎，就問醫生：「我怎麼才能治好呢？」醫生說：「你平時要多注意，特別是不要抽那麼多煙，如果控制不住自己，只能飯後抽一支。」

　　一個月後，湯姆又來檢查身體，卻發現自己患了胃炎，醫生問其原因，他回答說：「我就是依照你說的呀！我想抽煙時就先吃一頓飯。」

⇨生活中，很多人總是犯這樣的錯誤，從自身需要出發，去理解別人的話，結果卻是害了自己。

◎ 排輩

有一個人沒有正式的名字，後來入贅到一戶人家去，鄰居都喊他「姐夫」。

一次，他跟人打官司，請人寫狀子。

當問他名字時，他說：「我叫姐夫。」

狀子遞上去後，縣官升堂：「傳姐夫上堂！」

當差的齊聲喊道：「請姑老爺上堂！」

縣官聽罷怒喝道：「混帳，什麼姑老爺！」

差人慌忙跪下道：「回稟老爺，您老的姐夫不就是我們的姑老爺嗎？」

⇨「偷樑換柱」為孫子兵法中一計。名字相同而實質不同的事物，在生活中造成的誤會不在少數，應儘量細緻體察使錯誤減少到最低。

◎ 「啥」

有個自以為很聰明的人，讀到「啥」字，不認識了，於是去問另一個人。

——這字念啥呀？

——這個字嘛，念「啥」。

——是呀，它念啥呢？

——念「啥」！

——我問的就是它念啥？

——念啥！念啥！我說念「啥」就念「啥」！

⇨一些本來很熟悉的東西已經擺在眼前，人們卻怎麼也認不出來。

◎ 處世之道

　　妻子雇了個油漆工回家將臥室粉刷一新，那個油漆工下班前還未漆完。丈夫晚上回家，不知道油漆未乾，開電燈時把手印留在電燈開關的牆壁上。

　　翌日，油漆工來繼續工作，妻子對油漆工說：「請你到臥室來，我要你看看昨晚我丈夫摸過的地方。」油漆工尷尬地說：「不了，太太，今天我必須把你家全搞完。」

⇨更多時候，我們為之一笑的誤會，不過是語言的功能在不同情境之下的差別想法罷了。

◎ 他離家時六歲

　　因為飛機起飛延誤，一個人在機場等著接人已經三個多小時了。他走近問詢處打聽飛機到達時間的最新消息。他非常著急，因為他是來接多年不見的侄子，而侄子是第一次乘飛機。

　　「男孩多大了？」航空公司的人關心地問。

　　「他離開家時六歲。」他不客氣地回答。

⇨當我們的言語中隱喻著不滿，並且這種隱喻直接而尖刻，那麼這種不滿已經被傾聽者所接收。只是事實的結果可能是我們發洩了不快，卻更容易讓傾聽者以不提下文而避之，並使我們陷入更嚴重的不滿。

◎ 大事不妙了

　　我的一位朋友到佛羅里達州看望母親時，帶著母親去一家鞋店買鞋。在她試穿不同式樣的鞋時，我的朋友將經理拉到一邊

說：「她如果挑到一雙她喜歡的鞋，你告訴她是12塊錢。正式的價錢由我來付，不管有多貴。」

第二個星期，我的朋友走過鞋店時，經理認出了他，並叫他進去。「怎麼回事？」我的朋友邊往裡走邊問，「我的支票有什麼問題嗎？」

「不是那事，」經理回答，「問題是你的母親把她所有的朋友都帶來要買她那雙58(12)塊錢的鞋了。」

⇨我們在了解他人的言語的同時，往往忽略了他的內心，那種內心只對你一人充滿了愛的語言，可能會讓我們於不經意間習以為常，並推之及人。所以善於辨別那種可能只針對你一個人的愛的語言吧，然後於甜蜜中獨自享受。

◎ 郢書燕說

楚國國都有人寫信給燕國丞相，夜間書寫，燭光不亮，寫信人就對拿蠟燭的人說：「舉燭。」一邊說一邊就把「舉燭」兩個字誤寫到信上去了。「舉燭」，本來不是信中要說的話。燕國丞相接到信卻很高興，他說：「所謂『舉燭』，就是崇尚光明啊，尊崇光明，就要選任有賢德、有才能的人。」燕相把這個意思告訴國王，燕王也很喜歡這個主張。由於起用賢才，國家安定繁榮，國家安定了，但與那封信的本意並無關係。如今世上的學者讀書做學問，也大多這樣穿鑿附會。

⇨不深入探尋事物的真義，卻好望文生義、穿鑿附會，由此得出的結論往往與原意相悖逆。郢書燕說尚是歪打正著，產生了積極的作

用，而曲解原意，更多的結果是產生負面的影響。

◎ 搖自己的頭

在英國議會開會時，一位議員在發言時見到坐席上的邱吉爾正搖頭表示不同意。這位議員說：「我提醒各位，我只是在發表自己的意見。」這時候邱吉爾站起來說：「我也提醒議員先生注意，我只是在搖我自己的頭。」

⇨在這個沒有上帝的世界上，任何人都沒有權力用自己的言行去影響別人。但是，每個人的言行不自覺地影響著他人。這大概就是薩特所說的「他人就是地獄」的深刻含義吧！

◎ 招聘

古玩店招聘售貨員，一個年輕人前來應聘。

老闆從地上撿起一塊木屑，把它放在紅絲絨墊子上問道：「這是什麼？」

「乾隆皇帝用過的牙籤。」

「好極了，你現在就開始工作！」

⇨事物本身究竟會有什麼不同呢，區別在於人們怎樣去說起它。

◎ 稱讚

「你喜歡我這個新劇本中的那個竊賊嗎？」

「當然，您把這個竊賊簡直寫活了。他無所不偷，就連他的臺詞都是從別人那兒偷來的。」

⇨記得孔乙己曾為自己辯解道「讀書人的事，能算是偷嗎」，這自然

是一種可悲的自欺欺人。並且，所謂偷與竊，其對象不僅有物品，
更有人的思想。

〈全書終〉

國家圖書館出版品預行編目資料

幽默心理學 II ／麥斯 主編
　初版，新北市，新視野 New Vision，2020.12
　　面；　公分 --
　　ISBN 978-986-99649-0-6 （平裝）
1.幽默 2.生活指導

185.8　　　　　　　　　　　　　　109016051

幽默心理學 II

主　　編　麥斯
出　　版　新視野 New Vision
製　　作　新潮社文化事業有限公司
　　　　　電話 02-8666-5711
　　　　　傳真 02-8666-5833
　　　　　E-mail：service@xcsbook.com.tw

印前作業　東豪印刷事業有限公司
印刷作業　福霖印刷有限公司

總 經 銷　聯合發行股份有限公司
　　　　　新北市新店區寶橋路 235 巷 6 弄 6 號 2F
　　　　　電話 02-2917-8022
　　　　　傳真 02-2915-6275

初版一刷　2020 年 12 月